Der Froschkönig

… und andere Erlösungsbedürftige

Im Auftrag der Europäischen Märchengesellschaft
anlässlich ihrer Frühjahrstagung 1999 in Bad Orb

herausgegeben von
Helga Volkmann und Ulrich Freund

Schneider Verlag Hohengehren GmbH

Umschlagentwurf:

Wolfgang H. Ariwald, 59519 Möhnesee

Gedruckt auf umweltfreundlichem Papier (chlor- und säurefrei hergestellt).

Die Deutsche Bibliothek – CIP-Einheitsaufnahme

Ein Titeldatensatz für diese Publikation ist bei Der Deutschen Bibliothek erhältlich

Baltmannsweiler : Schneider-Verl. Hohengehren, 2000
ISBN 3-89676-287-7

Printed in Germany – Druck: Wilhelm Jungmann Göppingen

Inhaltsverzeichnis

Vorwort

Kann man die Nr. 1 der Grimmschen Sammlung, das wohl am meisten durchleuchtete, interpretierte, karikierte und parodierte Märchen vom Froschkönig, noch zum Gegenstand einer Tagung machen? Man kann – die berühmte „Brunnen-Fretsche“ scheint in ihrem Deutungs- und Rezeptionspotential unerschöpflich. Und es eröffnen sich sogar, wenn man verwandte Wesen und Motive in die Betrachtung mit einbezieht, neue Perspektiven.

„Tierprinzen und ihre Erlöserinnen“ – so lautete der Untertitel der Tagung rund um den Froschkönig, den die Stadt Bad Orb sich, anstelle einer herkömmlichen Städtepartnerschaft, zum „Gesellen“ gewählt hat (um im Originalton des Märchens zu bleiben). Da war der so hartnäckig auf seine Erlösung hinarbeitende Froschkönig in vielen Gesprächsrunden und Beiprogrammpunkten gegenwärtig. In einer Zusammenstellung der wichtigsten Referate jedoch verschieben sich die Akzente, und es wird deutlich, dass der Bogen weit gespannt ist und andere tier- ja sogar pflanzengestaltige Zwitterwesen einschließt, die das Potential zur Menschwerdung in sich tragen und ihrer Erlösung harren. Auch die Frage nach der Beziehung des Menschen zu seinen Mitgeschöpfen wird aufgeworfen, speziell zu den Tieren – sind sie Wesen mit einer „höheren Weisheit“?

Zwei weitgehend unbekannte Varianten des „Froschkönig“-Märchens führen in das Thema ein, auch wenn sich die drei ersten Beiträge auf die populäre – und allgemein zugängliche – Fassung von 1857 der Nr. 1 aus den „Kinder- und Hausmärchen“ der Brüder Grimm beziehen. Verwandlung und Erlösung, ein Kardinalthema der Zaubermärchen, ereignet sich hier – mit dem explosiven Gestus des Wandwurfs – in besonders augenfällig-einprägsamer Weise. Verwandlung und Erlösung aber werden zu einem dynamischen Prozeß auf Gegenseitigkeit, aus dem auch die scheinbar zufällig in den Sog des Geschehens geratenen Erlöserinnen und Erlöser verwandelt hervorgehen. Das wird im ersten Beitrag, der Grundsatzinterpretation von KHM 1, besonders deutlich (Ursula Heindrichs). Die verschiedenen Varianten des „Froschkönig“-Märchens bieten unterschiedliche Praktiken für den Akt der Erlösung an, außer dem krassen Wutausbruch der Königstochter mit seinen unerwarteten Folgen auch solche sanfterer Art. Exemplarisch lassen sich diese scheinbar fiktionalen Verhaltensmuster aus dem Reich der Fantasie auch in der Therapie gestörter menschlicher Beziehungen zum Partner und zum eigenen Ich anwenden (Ulrich Freund). Gerade dieses Märchenmotiv – Tierverwandlung im Gewaltakt oder sanfter, mit einem Kuß, hat sich als außerordentlich medienwirksam erwiesen; kein anderes Märchen hat Autoren und Zeichner so wie dieses zum Neufabulieren und zur Karikatur angeregt (Lutz Röhrich, der ausgewiesene „Froschkönig-Spezialist“, mit etlichen neuen Belegen zum Thema).

Der Frosch mag sich als Gegenstand der Karikatur besonders gut eignen, doch grundsätzlich kann im Märchen in jedem Tier ein verwünschter Jüngling oder ein verzaubertes Mädchen stecken, das, erlösungsbedürftig und auf der Suche nach dem unerschrockenen, risikofreudigen potentiellen Partner, zielstrebig seine endgültige Menschwerdung vorantreibt. Bären, Igel, Katzen, Schildkröten, Eichhörnchen oder Schlangen – im ganzen sind Tierverwünschung, Rückverwandlung jedoch eher Domäne männlicher Märchenprotagonisten. Tierbräute, weibliche Metamorphosen, stellen innerhalb des Motivvorkommens eine Minderheit dar mit bedeutsamen Unterschieden hinsichtlich Ausgangssituation und Konfliktlösung (Kathrin Pöge-Alder).

Menschen verbringen Lebensphasen in Gestalt eines Tieres oder auch einer Pflanze. In solchen Bildern verdichtet das Märchen die Urweisheit von dem einheitlichen Grundstoff, aus dem alles Lebendige geschaffen ist. Ob Tier oder Pflanze – der Zündfunke der Liebe initiiert Verwandlungsprozesse; auch die „Pflanzenbraut" bedarf, wie Tierbräutigam und Tierbraut, eines Erlösers, der zumeist selbst erlösungsbedürftig ist (Helga Volkmann).

Das Thema Verwandlung und Erlösung aus anderen Wesenheiten wirft die Frage nach der Hierarchie der Geschöpfe auf. Da verwischt sich die scheinbar eherne Grenze zwischen den Bereichen, zwischen „oben" und „unten". Innerhalb des magischen Weltbildes früher Kulturen, von dem in den Märchen ein letztes Echo erklingt, galt das Tier als den Ursprüngen näher und damit weiser und „vermögender" als der Mensch (Linde Knoch). Und schließlich, sieht man das Tier als innere Wirklichkeit des Menschen, verläuft die Front mitten hindurch zwischen „mir und Tier" (Heinrich Dickerhoff); der Mensch lebt im Spannungsbereich zwischen Tier und Engel, lebenslang auf der Suche nach Verwandlung, die den Tieraspekt hinter sich läßt und sich doch dessen positive Wesensteile einverleibt.

Im Januar 2000 Helga Volkmann / Ulrich Freund

Der wunderbare Frosch

Es war einmal, ich weiß nicht wo, ein Mann, der hatte drei Töchter. Eines Tages sprach der Vater zu dem ältesten Mädchen: „Geh, liebe Tochter, und hole mir frisches Wasser vom Brunnen.“ Das Mädchen ging, aber als sie zu dem Brunnen kam, da rief ein riesiger Frosch vom Grunde des Brunnens, er würde ihr nicht erlauben, mit ihrem Krug Wasser zu schöpfen, ehe sie ihm nicht den goldenen Ring von ihrem Finger heruntergeworfen hätte.

„Weiter nichts? Ist das alles, was du verlangst?“ sagte das Mädchen, „ich will meine Ringe aber nicht einem so hässlichen Geschöpf geben, wie du es bist,“ und sie kehrte unverrichteter Dinge mit leerem Krug zurück.

Da schickte der Vater die zweite Tochter, und es ging ihr wie der ältesten. Der Frosch ließ sie kein Wasser schöpfen, weil sie sich weigerte, ihm ihren Ring hinunterzuwerfen. Der Vater schalt mit den beiden älteren Töchtern, und dann wandte er sich an die jüngste: „Geh du, Betsie, meine Liebe, du bist schon immer ein kluges Mädchen gewesen; ich bin sicher, du wirst Wasser bringen und wirst es nicht zulassen, dass dein Vater Durst leidet; geh und beschäme deine Schwestern!“

Betsie nahm den Krug und ging, aber der Frosch verweigerte wieder das Wasser, wenn sie ihm nicht ihren Ring herunterwerfen würde. Sie jedoch, da sie ihren Vater sehr liebte, warf den Ring hinunter, so wie es der Frosch verlangte. Am Abend, sobald es dunkel wurde, kroch der Frosch aus dem Brunnen hervor und begann, vor der Tür von Betsies Vater zu rufen: „Schwiegervater! Schwiegervater! Ich möchte etwas zu essen.“

Der Mann wurde ärgerlich und sagte zu seinen Töchtern: „Gebt dem hässlichen Frosch etwas zu beißen auf einem gesprungenen Teller.“

„Schwiegervater! Schwiegervater! Damit bin ich nicht zufrieden! Ich will gebratenes Fleisch auf einem Zinnteller“, antwortete der Frosch.

„Gebt ihm etwas auf einem Zinnteller, sonst verwünscht er uns noch“, sagte der Vater.

Der Frosch begann, mit gutem Appetit zu essen, und als er satt war, begann er erneut zu quaken: „Schwiegervater!, Schwiegervater! Ich will etwas zu trinken.“ „Gebt ihm ein paar Schluck in einem gesprungenen Becher,“ sagte der Vater.

„Schwiegervater! Schwiegervater! Das will ich nicht! Ich will Wein in einem schönen Pokal.“

„Also gebt ihm ein bisschen Wein,“ rief der Vater.

Der Frosch schlürfte seinen Wein hinunter und fing von neuem an: „Schwiegervater! Schwiegervater! Ich will schlafen gehen.“

„Werft ihm ein paar Lumpen in die Ecke,“ befahl der Vater.

„Schwiegervater! Schwiegervater! So will ich es nicht; ich will ein seidenes Bett“, quakte der Frosch. Das bekam er; kaum hatte er sich aber zu Bett gelegt, quakte er wieder:

„Schwiegervater! Schwiegervater! Ich will ein Mädchen."

„Geh, liebe Tochter, und lege dich zu ihm", sagte der Vater zu der Ältesten.

„Schwiegervater!, Schwiegervater! Die will ich nicht, ich will eine andere." Der Vater schickte die zweite, aber der Frosch quakte wieder: „Schwiegervater! Schwiegervater! Die will ich auch nicht, ich will Betsie!"

„Geh, meine liebe Betsie", sagte der Vater niedergeschlagen, „sonst wird uns das verfluchte Untier alle verwünschen."

Also ging Betsie mit dem Frosch zu Bett, aber ihr Vater ließ vorsichtshalber auf dem Ofen eine Lampe brennen. Als der Frosch das merkte, kroch er aus dem Bett und blies die Lampe aus. Der Vater zündete sie wieder an, der Frosch jedoch löschte sie, und so geschah es auch ein drittes Mal. Der Vater sah, dass der Frosch nicht nachgeben würde, und so musste er seine liebe kleine Betsie wohl oder übel im Dunkeln an der Seite des hässlichen Frosches lassen, und er machte sich große Sorgen um sie.

Am Morgen, als der Vater und die beiden älteren Töchter aufstanden, da blieben ihnen Mund und Augen vor Staunen weit offen: der Frosch war nämlich verschwunden, und an Betsies Seite fanden sie einen hübschen ungarischen Burschen mit braunen Locken, in einer wunderschönen Tracht mit goldenen Tressen und Knöpfen und goldenen Sporen an den Stiefeln. Der hübsche Bursche hielt um Betsies Hand an, und da der Vater einverstanden war, wurde eiligst Hochzeit gefeiert, damit eine Taufe der Hochzeit nicht allzu zeitig folgte.

Die beiden älteren Schwestern schauten auf Betsie mit neidischen Blicken, denn sie waren ebenfalls ganz angetan von dem hübschen Burschen. Betsie wurde sehr glücklich – wenn jemand daran zweifelt, kann er sich mit eigenen Augen davon überzeugen, falls sie noch lebt. Er mag nur auf die Suche nach ihr gehen; vielleicht findet er sie ja in dieser großen Welt.

Die Königin und der Frosch

Da waren einst ein König und eine Königin, die hatten sich sehr lieb. Einmal musste der König in den Krieg, und die Königin blieb ganz allein auf dem Schloß zurück mit ihrer Magd, die war ihr treu. Alle Tage stieg die Königin auf den Turm und schaute, ob ihr Mann nicht bald zurückkäme, aber es war nichts zu sehen. Dann weinte sie immer, und die Magd tröstete sie. Oftmals ging sie auch in den Garten und setzte sich unter den Pflaumenbaum, der stand an einem Bach. Und als die Pflaumen reif waren, schüttelte sie welche vom Baum und aß sie. Dabei hatte sie sich aber ihre Hände schmutzig gemacht, sie ging an den Bach und wollte sie waschen. Da fiel ihr Ring ins Wasser. Sie erschrak bis ins Herz und setzte sich auf die Bank und weinte immerzu, denn sie dachte, ihr Mann sei nun tot.
Plötzlich kam da ein großer Frosch, der schaute sie an und sagte: „Prinzessin mein, was weinst du?“
Aber die Prinzessin hörte gar nicht hin. Darauf kroch er ihr auf den Fuß und fragte noch einmal: „Prinzessin mein, was weinst du?“
Da blickte sie auf und sagte: „Du alter greulicher Frosch, warum soll ich dir das sagen? Du kannst mir ja doch nicht helfen.“
„So? Weißt du das genau?“ sagte der Frosch. „Ich weiß wohl, warum du weinst. Du hast ja deinen Ring verloren.“
Daraufhin schaute ihn die Prinzessin an und sagte: „Ach, lieber Frosch, wenn du etwas davon weißt, hast du ihn gewiß gefunden und kannst ihn mir wiederbringen.“
„Ja“, sagte der Frosch, „das kann ich wohl. Aber du musst mir dafür etwas versprechen.“
„Alles was du willst. Gib mir nur den Ring“, sagte die Königin.
„Was du mir aber versprechen sollst, das ist nicht wenig: du musst mich zum Manne nehmen.“
Darauf lachte die Königin und dachte: „Der dumme Frosch! Der hätte sich etwas anderes wünschen sollen.“ Und dann sagte sie: „Ja, das will ich gern tun, – gib mir aber auch den Ring!“ Darauf machte der Frosch platsch! ins Wasser, und weg war er.
Es dauerte eine gute Weile, und die Prinzessin dachte schon, der Frosch hätte ihr etwas vorgelogen, aber da kam er angekrochen und hatte tatsächlich den Ring im Maul.
„Kinder! Leute!“ rief da die Prinzessin, nahm den Ring und lief schnell ins Schloß. Der Frosch aber rief hinter ihr her, er würde bald zu ihr kommen.
Einige Tage später saß die Prinzessin in ihrer Stube und nähte ein seidenes Hemd für ihren Mann. Da klopft es leise unten an der Tür, und eine Stimme fängt an zu singen: „Mach mir auf ein Türchen, schönste Prinzessin!“
„Ach“, sagte da die Prinzessin, „Magd, komm geschwind her, das ist gewiß der Frosch, von dem ich dir erzählt habe. Geh und mach ihm die Türe auf.“

Darauf fängt es aber wieder an zu singen:

„Ach nicht die Magd, schönste Prinzessin!
Weißt du wohl, was du sagtest an dem Bache,
da du deinen Ring verloren,
da du mich zum Mann erkoren, schönste Prinzessin?“

Da stand die Prinzessin auf und öffnete die Tür.
Als der Frosch hereingehüpft war, sang er wieder: „Setz mich auf dein Stühlchen, schönste Prinzessin!“
„Magd“, sagte daraufhin die Prinzessin, „höre, was der Frosch verlangt! Aber er hat mir den Ring wieder gebracht, so wollen wir ihm seinen Willen tun. Setz ihn auf den Stuhl!“

„Ach nicht die Magd, schönste Prinzessin!
Weißt du noch, was du sagtest an dem Bache,
da du deinen Ring verloren,
da du mich zum Mann erkoren, schönste Prinzessin?“

Daraufhin zieht die Prinzessin seidene Handschuhe an und hebt ihn auf den Stuhl. Aber der Frosch, der fing wieder an zu singen: „Gib mir auch was zu essen, schönste Prinzessin!“
„Magd, geh hin und hol ihm Milch und Semmeln!“ sagt sie da. Aber der Frosch singt:

„Ach nicht die Magd, schönste Prinzessin!
Weißt du noch, was du sagtest an dem Bache
Da du deinen Ring verloren,
da du mich zum Mann erkoren, schönste Prinzessin?“

Da ging die Prinzessin hin und holte Milch und Weißbrot. Als der Frosch sich nun so recht dick gefressen hatte, da sang er: „Wisch mir auch mein Mäulchen ab, schönste Prinzessin!“
„Na, das passt mir gerade!“ sagte die Prinzessin. „Magd, nimm das Mundtuch und wisch ihm das Maul!“ Da sang der Frosch wieder:

„Ach nicht die Magd, schönste Prinzessin!
Weißt du noch, was du sagtest an dem Bache,
da du deinen Ring verloren,
da du mich zum Mann erkoren, schönste Prinzessin?“

Und da musste sie wieder alles allein tun. Nun aber fing der Frosch an zu singen: „Gib mir auch ein Küsschen, schönste Prinzessin!“
Da wurde die Prinzessin fast ohnmächtig vor Schreck, und sie sagte: „Magd, das muß du tun: Ich kann das nicht.“
Aber der Frosch schaute sie so betrübt an und hatte zwei große Tränen in den Augen und sang ganz leise:

„Ach nicht die Magd, schönste Prinzessin!
Weißt du noch, was du sagtest an dem Bache,
da du deinen Ring verloren,
da du mich zum Mann erkoren, schönste Prinzessin?“

Da dachte die Prinzessin an ihr Versprechen und sagte: „Das hätte ich aber nicht erwartet. Magd, geh hin und hole mir ein Tuch und binde mir das vor die Augen, denn ich will ihn wenigstens nicht sehen.“
Das tat die Magd, und die Prinzessin tastete mit beiden Händen nach dem Frosch, und er war ihr auch so recht glitschig an den Händen. Sie spitzte ihr Mündchen, und darauf gab es einen großen Knall. Sie erschrak so sehr, dass sie sich die Augenbinde abriß, – und vor ihr stand gesund und munter – ihr lieber Mann! Und das war so gekommen: Als er fort war im Krieg, da hatte ihn eine böse Hexe in einen Frosch verzaubert und gesagt, er solle so lange in Frosch bleiben, bis ihm eine Prinzessin einen Kuß gäbe. Darauf war der arme König sehr betrübt und schwamm durch alle Gewässer, bis er zu seiner Frau in seinen Bach gekommen war. Denn er hat sich gleich gedacht, dass ihm nie ein anderer Mensch als seine eigene Frau einen Kuß geben würde.

Der singende Frosch

Es war einmal ein Pastor, der hatte drei Töchter. Sie suchten sich einen Dienst, und die eine fand eine Stelle im Schloß des Königs. An einem Tag, den sie verabredet hatten, gingen sie gemeinsam zum Strand, um zu baden. Da hörten sie einen wunderschönen Gesang, und jene Schwester, die beim König diente, sagte nun, sie wünsche sich einen Mann, der so schön singen könne.

Da sprang ein Frosch aus dem Wasser und auf ihren Schoß und sagte: „Willst du mich zum Manne haben?"

Sie antwortete nein, doch als der Frosch noch einmal dasselbe fragte, meinte ihre Schwester, sie könne es ruhig versprechen, es habe ja doch nichts zu bedeuten. Und als nun der Frosch zum drittenmal fragte, ob sie ihn haben wolle, antwortete sie ja.

Dann ging das Mädchen zurück zum Königsschloß, der Frosch aber hüpfte hinter ihr her, und als sie hineinging und die Tür vor ihm zuwarf, da sang er:

„Mach mir auf, meine süße kleine Mutter,
Um deines rosenfarbenen Blutes willen!
Weißt du noch, was du versprochen hast
Am Strand, als du dich wuschest?"

Das Mädchen wollte nicht aufmachen, da aber kam der König und fragte, weshalb sie nicht öffne. Das Mädchen sagte, es sei nur ein Frosch, und der sei es nicht wert, dass man ihm aufmache. Doch der König sagte, sie solle es tun, denn die Tür gehöre ihm. Da machte sie auf, und der Frosch hüpfte herein, und da sang er:

„Stell einen Stuhl für mich hin, meine süße kleine Mutter.
Um deines rosenfarbenen Blutes willen!
Weißt du noch ..." usw.

Das Mädchen wollte nicht und sagte, für ein so schmutziges Ding einen Stuhl hinzustellen, wäre doch seltsam. Aber da sagte der König, sie solle es tun, denn der Stuhl gehöre ihm. Da stellte sie dem Frosch einen Stuhl hin, und er hüpfte hinauf und setzte sich, und dann sang er:

„Leg mir ein Tischtuch auf, meine süße kleine Mutter, ..." usw.

Das Mädchen wollte erst nicht, aber da sagte der König, sie solle es tun, denn das Tischtuch gehöre ihm. Sie legte dem Frosch ein Tischtuch auf, und er sang:

„Setz mir Essen vor! ..." usw.

Das Mädchen machte wieder Einwände, aber der König sagte, das Essen gehöre ihm, und so setzte sie dem Frosch Essen vor. Da aber sang der Frosch:

„Setz mir Bier vor ..." usw.

Und als sie ihm Bier vorgesetzt hatte und er gegessen und getrunken hatte, da sang er:

„Mach mir ein Bett ..." usw.

Das Mädchen meinte zwar, es ginge nicht an, einem so nassen, schmutzigen Ding ein Bett zu machen, aber der König sagte, das könne ihr doch nichts ausmachen, das Bettzeug gehöre ihm. Und als der Mädchen das Bett nun gemacht hatte, da sang der Frosch:

„Stell mir einen Stuhl hin ...“ usw.

Er konnte nicht ins Bett hüpfen und musste erst auf den Stuhl klettern. Als er aber ins Bett gekommen war, sang er:

„Komm ins Bett zu mir, meine süße kleine Mutter,
Um deines rosafarbenen Blutes willen!
Weißt du noch, was du versprochen hast
Am Strand, als du dich wuschest?“

Das wollte das Mädchen auf keinen Fall, aber der König sagte, sie solle es tun. Wenn sie sich nicht getraue, allein bei dem Frosch zu liegen, dann könne sie ja den Lakai Per mitnehmen, der war ihr Liebster.

Als sie nun zu dem Frosch ins Bett gekommen war, da bat er sie, sie solle mit einer Nadel drei Löcher in sein rechtes Vorderbein stechen, damit drei Tropfen Blut herausquellen könnten. Doch als das Mädchen das getan hatte, da verwandelte sich der Frosch in einen wunderschönen Prinzen, und die Froschhaut flog durch den Schornstein davon. Jetzt stellte sich heraus, dass es der Sohn des Königs war, und er war vor vielen Jahren verhext worden. Nun heiratete der Prinz das Mädchen und wurde König nach seinem Vater, der Lakai Per aber bekam als Abfindung ein Fürstentum, weil er seine Liebste an den Prinzen abtreten musste.

URSULA HEINDRICHS

Die erlöste Erlöserin

Wie die Weltschönste zu sich findet. Anmerkungen zu KHM 1

Der Froschkönig oder der eiserne Heinrich, KHM 1. Welch ein wichtiges, großartiges Märchen! Zu diesem Text sind ganz besonders viele Untersuchungen angestellt worden, es gibt hervorragende Veröffentlichungen über ihn, und viele davon kenne ich. Wenn ich in alphabetischer Aufführung die mir wichtigsten nenne, die von Lutz Röhrich, Heinz Rölleke, Walter Scherf (in Märchenlexikon, Band I) und die von Wilhelm Solms in seinem soeben erschienenen Buch „Die Moral von Grimms Märchen“, so verdanke ich allen grundlegende Kenntnisse über dieses schöne Märchen. Wer aber die umfassende, gründliche Monographie über den Froschkönig von Lutz Röhrich kennt, der muß sich eigentlich fragen, warum über KHM 1 noch einmal nachgedacht werden soll.

An dieser Stelle möchte ich selbst aber eine ganz subjektive Aussage wagen, und es könnte sein, daß ich damit sogar „Objektives“ treffe. Sören Kierkegaard hat ja in der höchsten Subjektivität die beste Chance für das erkannt, was wir „Objektivität“ nennen: Ich liebe einen Menschen, und in der Liebe zu diesem einen erfahre ich das Ereignis der Liebe schlechthin.

Die unverzichtbare dreibändige Ausgabe der KHM von Heinz Rölleke führt im dritten Band die Original-Anmerkungen der Brüder Grimm und die Herkunftsnachweise der Märchen auf. Da den Brüdern Grimm andere Erzählungen über den in einen Frosch verzauberten Königssohn vorlagen, wird jeder, der das weiß, sich fragen, warum sie die uns vorliegende Fassung an den Anfang ihrer kostbaren Sammlung gesetzt haben.

Meinen „Anmerkungen“ zu KHM 1 lege ich die stark bearbeitete Fassung der Kinder- und Hausmärchen Ausgabe letzter Hand zugrunde, und ich will und kann die nicht bearbeiteten Vorstufen der Urfassung und andere Varianten dabei nicht berücksichtigen. Vielmehr möchte ich einen Weg durch das Märchen gehen, und ich betone noch einmal seine Subjektivität. Dabei versteht es sich von selbst, daß ich so nur *eine* Möglichkeit, das Märchen zu erfahren, andeuten kann, und zudem legt die Philologin Wert darauf, den vorliegenden Text Wort für Wort ernst zu nehmen. Wichtig ist mir dabei der Gedanke von Franz Vonessen, nach dem die Märchen alle auf uns deuten und wir sie nicht deuten müssen: ich möchte also den Froschkönig „betrachten“, eigentlich Wort für Wort.

Wir alle kennen und lieben den ersten Satz der Sammlung: „In den alten Zeiten, wo das Wünschen noch geholfen hat, lebte ein König, dessen Töchter waren alle schön, aber die jüngste war so schön, daß die Sonne selber, die doch so vieles gesehen hat, sich verwunderte, sooft sie ihr ins Gesicht schien.“ (Alle Zitate zum Froschkönig entnehme ich der Ausgabe von Rölleke, Band I, von 1995; hier Rölleke, S. 29) Die jüngste Tochter dieses Königs ist wohl in der Tat „die Weltschönste“, sie übertrifft nicht nur ihre schönen Schwestern, sondern überrascht selbst die Sonne immer wieder, sooft sie ihr ins Gesicht schien. Die unvergleichliche Schönheit des Mädchens scheint eine fast tägliche Steigerung zu finden, sonst könnte die Sonne sich nicht immer neu verwundern. Diese Schönheit hebt die Jüngste, die ohnehin durch das Achtergewicht gekennzeichnet ist, in den Außensitz. So ist es nicht verwunderlich, daß die Königstochter nicht mit ihren Schwestern spielt, sondern das zugehörige Sozialgefüge verlassend, „im Wald unter einer alten Linde“ allein mit ihrer goldenen Kugel. Nach einem berühmten Wort von Max Lüthi ist der Isolierte der allseits Beziehungsfähige, er ist nicht nur der Schönste oder Jüngste, sondern ihn trifft im Außensitz das Märchenwunder. Hier beginnt Schicksal. Ist dieses Spielen mit der goldenen Kugel ein solipsistisches, oder ist es gar narzistisch? Oder sucht die Königstochter im Ballspielen unbewußt den Partner? Ob Boris Becker oder die Fußballelf: die meisten Ballspiele sind Partnerspiele!

Der Eingang eines Zaubermärchens ist in der Regel gekennzeichnet durch Konflikt oder Verlust. Wir wissen, „daß die goldene Kugel der Königstochter einmal nicht in ihr Händchen fiel, das sie in die Höhe gehalten hatte, sondern vorbei auf die Erde schlug und geradezu ins Wasser hineinrollte.“ Daß die Königstochter an heißen Tagen am „Rand“ des kühlen Brunnens saß, widerspricht – in der für das Märchen typischen Unbekümmertheit um technische Exaktheit – dem Bericht, daß die goldene Kugel „vorbei auf die Erde schlug und geradezu ins Wasser hineinrollte.“ Ungeachtet solcher Alogik verschwindet ja die goldene Kugel in der Tiefe des Brunnens, von dem „man keinen Grund sah.“ Die Klage der Königstochter um den Verlust ihres liebsten Spielwerks ruft den Frosch aus der Brunnentiefe herauf, und daß er mit der Schönsten spricht, verwundert den nicht, der die Wunder der Märchen kennt. Dieser Frosch bietet Trost und Hilfe an, aber er ist ebensowenig ein Samariter wie das Rumpelstilzchen. „Was gibst du mir, wenn ich dein Spielwerk wieder heraufhole“, und das macht sofort deutlich, daß seine Hilfe nicht ohne Bezahlung gegeben wird. Das Angebot der Königstochter, – die Steigerung von Kleidern über Perlen und Edelsteine bis zum Wahrzeichen ihrer königlichen Würde, der goldenen Krone, – schlägt der Frosch aus, obwohl sie zuvor gesagt hat: „Was du haben willst, lieber Frosch!“ Mit diesen Worten ist – streng genommen – die Tür geöffnet für jedwede Forderung des Helfers, und wenn der Frosch die Fülle ihrer Kostbarkeiten verschmäht, statt dessen aber von ihr Tisch- und Bettgemeinschaft verlangt, dann kann diese Forderung eigentlich kaum verwundern.

Das leichtfertige Wort: „Ach ja, ich verspreche dir alles, was du willst, wenn du mir nur die Kugel wiederbringst“, es steht in krassem Gegensatz zu dem, was die Königstochter denkt! „Was der einfältige Frosch schwätzt, der sitzt im Wasser bei seinesgleichen und quakt und kann keines Menschen Geselle sein.“ Ihre Zusage, ja ihr Versprechen widerspricht also ihrem Denken, und es ist ganz offensichtlich, daß sie das Ansinnen des Frosches sehr wohl verstanden hat, mag sie auch noch fast ein Kind sein, sonst könnte sie nicht denken, der Frosch könne keines Menschen „Geselle“ sein.

Wir wissen, daß dem Frosch das gegebene Wort genügt, um sein Versprechen, die goldene Kugel zurückzubringen, zu erfüllen. Wir wissen auch, daß die Königstochter mit ihrem liebsten Spielwerk fortspringt und den klagenden Frosch nicht nur unbarmherzig überhört, sondern ihn ganz bald vergißt. Die wiedergewonnene goldene Kugel wird im Märchen danach nicht mehr erwähnt, auch nicht mehr ein eventuelles Spielen damit: von hier an ist etwas anderes Thema des Textes!

Wie sehr der Königstochter die Verdrängung gelingt, ist sehr deutlich an dem Schrecken zu bemerken, den sie empfindet, als am anderen Tage der Frosch, seine Forderung einzuklagen, auftaucht. Wir hören das „plitsch platsch, plitsch platsch", mit dem der Frosch „die Marmortreppe heraufgekrochen" kommt, und auch wenn sie das nicht hört, so vernimmt sie doch das Klopfen an der Tür und den Ruf: „Königstochter, jüngste, mach mir auf." Der Text macht an dieser Stelle klar, daß die Gerufene geradezu ahnungslos ist, denn, „sie lief und wollte sehen, wer draußen wäre." Die Entdeckung, daß der Frosch vor der Tür sitzt, erschreckt sie so sehr, daß sie die geöffnete Tür hastig zuwirft, sich wieder an die königliche Tafel setzt und „ihr ganz angst" ist.

Während weder von den mit ihr dort versammelten Schwestern noch von einer Königin-Mutter im Text die Rede ist, spricht nun der Vater seine Tochter an, weil er sieht, „daß ihr das Herz gewaltig klopfte". Die offensichtliche Furcht der Königstochter, die der König bemerkt, läßt ihn – wohl ironischerweise – vermuten, daß vor der Tür ein räuberischer „Riese" von ihr entdeckt worden ist. Als sie aber bekennen muß, daß nicht ein Riese, „sondern ein garstiger Frosch" nach ihr gerufen hat, kann der königliche Vater sich natürlich nicht erklären, was der Frosch von seiner jüngsten Tochter will. Sie erzählt, was sie erlebt hat, und verhehlt auch nicht, was sie dem Frosch versprochen hat: „Weil er es durchaus verlangte, so versprach ich ihm, er sollte mein Geselle werden, ich dachte aber nimmermehr, daß er aus seinem Wasser heraus könnte. Nun ist er draußen und will zu mir herein."

Diese Antwort, dem königlichen Vater gegeben, beweist ein zweites Mal, daß die Königstochter dem Frosch ihr Versprechen gegeben hat im vollen Bewußtsein seiner Forderung. Ihre Weigerung, das gegebene Versprechen zu erfüllen, erklärt sie hier mit ihrem Gedanken, daß der Frosch überhaupt nicht aus seinem Wasser heraus könnte, obwohl er ja aufgetaucht war, um ihr zu helfen. Wenn die Königstochter ihrem Vater zudem noch sagt: „Nun ist er draußen und will zu mir herein", so denke ich, liegt in dieser Formulierung bereits die eindeutige Einsicht in das konkrete Begehren des Frosches, die Bettgemeinschaft.

Der dreimalige drängende Ruf: „Königstochter, jüngste, mach mir auf", verdeutlicht ein gleiches, zumal der Frosch vor dem dritten Ruf ihr Versprechen vom Vortag anmahnt: „Weißt du nicht, was gestern du zu mir gesagt bei dem kühlen Brunnenwasser?" Diese Weltschönste reagiert nicht! Und nur das Eingreifen des königlichen Vaters führt zum Fortgang der Handlung. „Was du versprochen hast, das mußt du auch halten; geh nur und mach ihm auf." Sie gehorcht, und als der Frosch „ihr immer auf dem Fuße nach bis zu ihrem Stuhl" hereinhüpft, sagt er etwas sehr Bedeutsames, wie ich denke. Seine Worte verdeutlichen unmißverständlich den Wunsch, den der zum Tier Erniedrigte hat: „Heb mich herauf zu dir." Was anders will er, als durch sie, die ihm bestimmte Erlöserin, in die Menschlichkeit „herauf"-gehoben zu werden! Auch dieses Begehren erfüllt die Königstochter nur auf Befehl des Königs. Ihr Zaudern wird betont, und das gemeinsame Essen von ihrem goldenen Tellerlein gefällt ihr ganz und gar nicht: „Der Frosch ließ sich's gut schmecken, aber ihr blieb fast jedes Bißlein im Halse." Unverschämt klingt die Aufforderung des Frosches: „Ich habe mich satt gegessen und bin müde, nun trag mich in dein Kämmerlein und mach dein seiden Bettlein zurecht, da wollen wir uns schlafen legen."

Obwohl diese Aufforderung der Bedingung entspricht, unter der der Frosch der Königstochter ihr liebstes Spielwerk aus dem Brunnen hervorgeholt hatte, betont der Text nun ihr Weinen und ihre Furcht „vor dem kalten Frosch, den sie nicht anzurühren getraute." Es fällt mir auf, daß in der entsprechenden Textstelle davon die Rede ist, daß der Frosch „nun in ihrem schönen reinen Bettlein schlafen sollte", nicht etwa nur wollte. Die Weigerung seiner Tochter zieht des königlichen Vaters Zorn herauf, und wiederum mit einem moralischen Sprichwort befiehlt er: „Wer dir geholfen hat, als du in der Not warst, den sollst du hernach nicht verachten." Die Autorität des Königs, des Vaters, verlangt Gehorsam, und wie widerwillig die Tochter gehorcht, das ist sehr deutlich zu erfassen, wenn es heißt: „Da packte sie ihn mit zwei Fingern, trug ihn hinauf und setzte ihn in eine Ecke." Wenn das Bett der Königstochter, in das sie sich legt, in einer Ecke ihres Schlafgemachs steht, so stelle ich mir an dieser Stelle immer wieder vor, daß sie den Frosch absetzt in der Ecke des Raumes, die diesem Bett diagonal entgegensteht. Das jedenfalls ist die größte Entfernung, mit der sie das Tier so weit von sich weist, wie die Architektur es überhaupt nur möglich macht. Der Frosch kommt auf dem Boden gekrochen und verlangt erneut: „Heb mich herauf." Er begründet dieses Verlangen mit seiner Müdigkeit, aber es klingt geradezu lächerlich, wenn er die Königstochter erpreßt mit den Worten: „Oder ich sag's deinem Vater." Natürlich mußte diese Situation die Karikaturisten ganz besonders reizen.

Der Frosch, der zuvor nicht fähig war, die Tür zum königlichen Speisesaal zu öffnen, ist auch jetzt nicht imstande, zu seinem Anwalt, dem König, zu gehen, um sich über die Tochter zu beschweren. So alogisch also diese Drohung ist, so bringt sie aber dennoch die Königstochter zur entscheidenden Handlung. „Da ward sie erst bitterböse, holte ihn herauf und warf ihn aus allen Kräften wider die Wand." Dieser Akt der Aggression aus Wut und Ekel kann wohl der Höhepunkt des amoralischen Verhaltens genannt werden. Bis dahin hat die Weltschönste – wenn auch widerwillig, – dem strengen Vater gehorcht. In diesem entscheidenden Augenblick aber – und ich denke, darum ist die neuerliche Erwähnung des Vaters von Bedeutung – handelt sie zum allerersten Mal selbständig: sie e-manzipiert sich.

Emanzipation ist ursprünglich die Freilassung, die Befreiung aus einem Abhängigkeitsverhältnis; im römischen Recht hieß Emanzipation die Entlassung eines Familienmitgliedes aus dem Manicipium, das heißt, aus der väterlichen Gewalt. Im Lateinischen heißt emancipatio, onis, femininum: Abtretung. Das Wort stammt ab von emancipo und das heißt: 1. den Sohn für selbständig erklären, 2. in fremde Gewalt geben, 3. überlassen, abtreten. (nach: Der kleine Stowasser, Lateinisch-deutsches Schulwörterbuch, München 1971, S. 187 und 308) Bis zum Augenblick ihrer Emanzipation ist die – wenn auch widerwillig gehorchende Tochter – an der Hand des Vaters geführt worden (lateinisch manus, manus, femininum: die Hand, der Schutz). Indem sie zum ersten Mal das tut, was das eigene Gefühl ihr diktiert, und zwar mit großer Entschiedenheit, läßt sie geradezu die Hand des Vaters los und wird so selbständig. Die Weltschönste gewinnt auf eine ähnliche Weise Selbständigkeit und Identität wie die Marquise von O. bei Kleist – sie findet zu sich.

„Die verwitwete Marquise von O ..., Mutter von mehreren wohlerzogenen Kindern", die ein Kind erwartet, ohne zu wissen, wer dessen Vater ist, wird aus diesem Grunde von ihrer ganzen Familie verstoßen, und schließlich will ihr Vater sie erschießen. Als er gar von ihr, die das elterliche Schloß verlassen will, „die Zurücklassung und Überlieferung der Kinder" verlangt, entgegnet sie ihrem Bruder, der ihr diese Forderung des Vaters überbringt: „Sag deinem unmenschlichen Vater, daß er kommen und mich niederschießen, nicht aber mir meine Kinder entreißen könne!" Und Kleist fährt fort: „Sie hob, mit dem ganzen Stolz der Unschuld gerüstet, ihre Kinder auf, trug sie, ohne daß der Bruder gewagt hätte, sie anzuhalten, in den Wagen und fuhr ab. Durch diese schöne Anstrengung mit sich selbst bekannt gemacht, hob sie sich plötzlich, wie an ihrer eigenen Hand, aus der ganzen Tiefe, in welche das Schicksal sie herabgestürzt hatte, empor."[1]

Ich bin weit davon entfernt, das Schicksal der Marquise von O. mit der Situation der Königstochter im Froschkönigmärchen zu vergleichen. Indessen haben sie dennoch etwas Gemeinsames: die Identitätsfindung durch die schöne Anstrengung ihrer Emanzipation. Die Marquise erfüllt, wie ich denke, das Kleistsche Postulat aus dem berühmten Marionettentheater, nämlich den Weg um die ringförmige Welt in einem einzigen Augenblick: wenn sie sich mit den Worten, die sie ihrem Bruder entgegenruft, bekennt als Mutter zu ihren Kindern, vor allem aber zu dem Kind, das sie erwartet und von dessen Vater sie nichts weiß. Im vollen Bewußtsein ihrer Unschuld entschließt sie sich dazu, und Kleist nennt das eine schöne Anstrengung. Mit sich selbt bekannt gemacht, hat sie plötzlich Identität gefunden, weiß sie, wer sie ist, was sie kann, und so leistet sie in einem Augenblick den Weg um die „ringförmige Welt".

Die Anstrengung, mit der die Königstochter „aus allen Kräften" den Frosch wider die Wand wirft, ist physisch von gänzlich anderer Qualität als die Anstrengung, von der Kleist spricht. Aber im Innern vollzieht sich in der jüngsten Königstochter genau das, was Kleist „mit sich selbst bekannt gemacht" werden nennt. Plötzlich ist sie da, plötzlich ist sie erwachsen, plötzlich ist aus dem verspielten, leichtfertigen, wortbrüchigen Mädchen, das Wilhelm Solms sogar berechnend und bockig nennt[2], eine liebesfähige Frau geworden. Sie kann darum den in die Froschgestalt verwünschten Mann erlösen, aber ja nur, weil sie selber zuvor von ihrer Unselbständigkeit „erlöst" ist.
„Nun wirst du Ruhe haben, du garstiger Frosch." Und in der Tat, die Absicht, ihn zu töten aus Haß und Ekel, erlöst den Verwünschten; im Wortverstande „schlagartig"

vollzieht sich die Entwandlung, und das Gesetz des „Stirb und werde" erfüllt sich in einem Moment, plötzlich. Die Königstochter handelt in diesem Augenblick ihrem Versprechen zuwider, weil sie den Frosch nicht in ihr Bett läßt; aber wenn der „Königssohn mit den schönen freundlichen Augen" ihr sagt, „er wäre von einer bösen Hexe verwünscht worden, und niemand hätte ihn aus dem Brunnen erlösen können als sie allein", dann erkennen wir staunend ihre Handlung als die geheime Bedingung für die Erlösung. Das Märchenwunder ist von vielfältiger Art: „Als er aber herabfiel, war er kein Frosch, sondern ein Königssohn mit schönen freundlichen Augen." Keine Illustration, keine Schaubühne (schon gar nicht ein Weihnachtsmärchen), auch kein Film kann dieses Wunder darstellen, anschaubar machen; das kann nur unsere Phantasie. Im Herabfallen vollzieht sich die Erlösung, deren Voraussetzung die Vernichtung des Frosches war, und wenn es eingangs geheißen hat, „da erblickte sie einen Frosch, der seinen dicken häßlichen Kopf aus dem Wasser streckte", so wird von dem Erlösten nur gesagt, er habe schöne freundliche Augen: die seelische Qualität wird damit verdeutlicht, und die Hochzeit der beiden wird sofort vollzogen.

Obwohl gerade die Entwandlungsszene zu so vielen Karikaturen und Parodien gereizt hat, wozu das herrliche Buch „Wage es, den Frosch zu küssen!" von Lutz Röhrich eine hinreißende Fundgrube ist, gehört dieses Märchenwunder für mich zu den größten Kostbarkeiten der Sammlung Grimm. Zudem führt der Emanzipationsprozeß durchaus nicht zum Bruch zwischen Vater und Tochter, denn es heißt im Text, daß der Königssohn „nach ihres Vaters Willen ihr lieber Geselle und Gemahl" wird.

Und – wer ist die „böse Hexe", die den Königssohn in den Brunnen und in die Froschgestalt verwünscht hatte? Ist es eine so sinnlich attraktive Frau, daß sie ihn auf seine tierischen Möglichkeiten reduziert hat, eine Frau, wie sie zu vielen Malen im Mittelalter und später verbrannt worden ist, weil ihre Anziehungskraft von solch magischer Stärke war, daß die Männer sich ihrer nicht erwehren konnten, es sei denn durch Vernichtung? Ist es die Mutter, die den Sohn festhält, ihn nicht losläßt für eine Liebe, die nicht ihr selber gilt? Das Märchen sagt uns darüber nichts, aber die Hexe hat den Schadenzauber angewandt, wie die in „Brüderchen und Schwesterchen", die „alle Brunnen im Walde verwünscht" hatte, und die Verwünschung, die Bannung in die Tiergestalt, ist von solcher Art, daß der Verwünschte nicht sich selber daraus befreien kann. Das „Stirb-und-Werde"-Gesetz ist an den Akt der Aggression gebunden, und die Erlösung des Verwünschten durch Tötung kennen wir ja auch aus anderen Märchen, zum Beispiel aus KHM 135, „Die weiße und die schwarze Braut"; dort schlägt der König, ohne dazu aufgefordert worden zu sein, der Ente, in welche die weiße Braut verwandelt worden ist, mit seinem Schwert den Kopf ab, und im selben Augenblick steht das schönste Mädchen vor ihm. Dagegen bittet im „Goldenen Vogel", KHM 57, der in einen Fuchs Verwandelte selber den Königssohn „flehentlich, er möchte ihn totschießen und ihm Kopf und Pfoten abhauen." Nur so wird der Fuchs, der „niemand anders war als der Bruder" jener „Jungfrau vom goldenen Schlosse", erlöst. Im Froschkönigmärchen aber ist die – offenbar von der Hexe vorher bestimmte Erlösungsbedingung – die die Erlöserin nicht kennt, die Aggression, ja der Tötungswille.

Rätselhaft erscheint immer wieder der Anhang vom „eisernen Heinrich“, und es muß betont werden, daß unter den zweihundert Texten der Grimmschen Sammlung nur das erste Märchen einen doppelten Titel hat. Das Wort „oder“ – nicht und – verbindet den „Froschkönig“ mit dem „eisernen Heinrich“, und das scheint mir die beiden Teile fast gleich zu gewichten. Es gibt viele Erklärungsmuster für den Anhang, und natürlich ist höchst plausibel die von der „vergessenen Braut“, die in Männerkleidern, ein Kind von dem Geliebten erwartend, dem Königssohn nachreist und sich drei eiserne Bande um den Leib schmieden läßt, um die Geburt hinauszuzögern. Aber ungeachtet der Kenntnis dieser Aspekte ist mir gerade die Erzählung vom „eisernen Heinrich“ am Schluß des Märchens unverzichtbar.

Dieser treue Diener ist am Morgen nach der Hochzeitsnacht – mit seinem kostbaren Gefährt und mit den acht weißen Pferden, die in goldenen Ketten gehen – ungerufen bei seinem Herrn. Kein Telefon, kein Telegramm hat ihn gerufen, sondern seine tiefe Liebe zu dem Königssohn sagt ihm, wann er zur Stelle sein muß, weil sein Herr erlöst ist. Schon das ist eine Verbindung zwischen Diener und Herr, die von ungewöhnlicher Qualität ist, aber wenn wir hören, „der treue Heinrich hatte sich so betrübt, als sein Herr war in einen Frosch verwandelt worden, daß er drei eiserne Bande hatte um sein Herz legen lassen, damit es ihm nicht vor Weh und Traurigkeit zerspränge“, dann wird sehr deutlich, daß dieser Mensch am „zerbrochenen Herzen“ gestorben wäre ohne diese Bändigung seines Schmerzes. Wie sehr aber der junge König, den der treue Diener „in sein Reich abholen“ will, von ihm geliebt wird, das ahnt der Erlöste nicht: „Als sie ein Stück Wegs gefahren waren, hörte der Königssohn, daß es hinter ihm krachte, als wäre etwas zerbrochen. Da drehte er sich um und rief:

Heinrich, der Wagen bricht.
Nein, Herr, der Wagen nicht,
es ist ein Band von meinem Herzen,
das da lag in großen Schmerzen,
als ihr in dem Brunnen saßt,
als ihr eine Fretsche wast.“

Der Königssohn, obschon ihm so eindeutig der Grund für das Krachen erklärt wird, ja obwohl er das Geräusch auf dem Weg noch zweimal hört, „meinte immer, der Wagen bräche“, es ginge also um einen technischen Defekt.

Der eiserne Heinrich ist für mich das Urbild des liebenden, wartenden, hoffenden Vaters, der die unerklärliche Veränderung des Kindes, ja, des „verlorenen Sohnes“ nicht hindern kann. Er kann nichts tun, als bereit sein für den Augenblick der „Erlösung“, das heißt der möglichen Rückkehr ins Königreich. Er ist da, er geht, er fährt dem jungen Menschen entgegen in fragloser Liebe, und seine Freude über die Erlösung ist so groß, daß die Bande von seinem Herzen abspringen.

Das Märchen „Der Froschkönig oder der eiserne Heinrich“ zeigt uns so mehrfache Erlösung: die Weltschönste hat Identität gefunden, der Tierprinz ist von seiner Verwünschung befreit, den treuen Diener erlöst die Freude über die Erlösung und über das Glück seines Herrn. Den Schluß dieses Märchens mag ich nicht mit dem oft gehörten Wort vom „happy ending“ bezeichnen, sondern dieses kostbare Zauber- und Glücksmärchen zeigt in der „Heiligen Hochzeit“ die Teilhabe dessen, der hier als Diener auftritt. Insofern erfüllt sich das Glück auf umfassende Weise in diesem Schluß, und darum vor allem ist mir der Anhang so unverzichtbar lieb und wichtig.

Anmerkungen

[1] Kleist, Heinrich von: Sämtliche Werke und Briefe, Hrsg. v. Helmut Sembdner, München 1977, Bd. 2, S. 125.

[2] Solms, Wilhelm: Die Moral von Grimms Märchen. Darmstadt 1999, S. 49.

ULRICH FREUND

Das Froschkönig-Märchen im therapeutischen Prozeß – Verwünschung und Verwandlung, Lösung und Erlösung

Wenn die Tiergestaltigen im Märchen Menschen ansprechen, so müssen sie sich in aller Regel gefallen lassen, als Tiere und nur als Tiere gesehen zu werden. Ohne Frage ist es für die von Tiergestaltigen angesprochenen Menschen einfacher, auf diesem monomorphen Prinzip: „Du bist ein Frosch und nichts als ein Frosch" zu bestehen. Das gewährt ihnen Verhaltenssicherheit. Umgekehrt ist dem Tiergestaltigen nichts wichtiger, als diese Eindeutigkeit im Tierhaften aufzulösen. Er will als Polymorpher, als Tiermensch, gesehen werden und pendelt zwischen tatsächlichen und vermeintlichen Lösungswegen hin und her. Dies dient der allmählichen Auflösung seiner Unglücksgestalt und damit dem Weg hin zur Erlösung, dem Ausweg aus dem Verhaftetsein im Tierhaften, an dem er als Mensch leidet. Es liegt in ihrer Natur, daß die Zweigestaltigen von ihrem doppelten Boden wissen und gerade daran verzweifeln, daß sie die Ambivalenz, die jedem Menschen in vielfachen Bezügen innewohnt, so gut kennen. Sie kennen diese Ambivalenzen deswegen so genau, weil sich bei ihnen die zwiespältigen Gefühle dissoziativ manifestiert haben. Die zwiespältigen Zustände werden zur doppelten Selbstwahrnehmung: Ich bin Mensch *und* ich bin Frosch zugleich. Ich wechsle mich selbst, ebenso wie ich erlebe, daß es mich wechselt. Das kontrolliert Willentliche spielt gleichermaßen eine Rolle wie das schicksalhafte Ausgeliefertsein. Als Menschen kennen sie die Verwandlung in das Tier, aber auch die Rückverwandlung zum Menschen.

Diese Dissoziation muß sich nicht zwangsläufig der Tiersymbolik bedienen. Man stelle sich vor, Goethe habe nicht das Menschliche und das Teuflische zugleich in sich verspürt; wie hätte er jemals den „Faust" schreiben können, ohne seinen mephistophelischen Teil ebenso wie den faustischen zu kennen.

Ambivalenz als polymorphe Gestalt

Menschen, die sich eher als eindimensional erleben, sind arm dran. Sie haben in der Regel zwar Wege gefunden, wie sie die Ambivalenzen leugnen können, ganz sicher lassen sie die Dissoziation als Existenz einer zweiten Ebene nicht zu und wissen von ihrer zweiten Natur nichts oder doch nur wenig. Goethe können sie so kaum werden, das muß ja auch nicht sein. Aber Goethe zu verstehen oder auch nur den „Froschkönig", das ist ihnen oftmals ebenfalls verwehrt.

Die Königstochter in unserem Märchen gehört zu den Eindimensionalen. Deshalb könnte das Märchen auch überschrieben werden: Monomorph trifft Polymorph. Da Monomorph nichts Besseres weiß, wirft sie Polymorph eben an die Wand. Aber die

Geschichte entwickelt sich vielschichtiger. Die vermeintliche Sicherheit, es handele sich um einen monomorphen Frosch, dem sie da versprechen muß, seine Liebhaberin zu werden, kann sie nur durch Auslassung von Offensichtlichem erreichen: Sie leugnet, daß der Frosch spricht. Die Sprache ist zutiefst dem Wesen des Menschen zugehörig. Trotzdem sagt sie zu sich selbst: „Was der einfältige Frosch schwätzt, der sitzt im Wasser bei seinesgleichen und quakt und kann keines Menschen Geselle sein." Sie zeigt auf diese Weise *ihre* Einfalt, die jedem innewohnt, der sich selbst nur als monomorph erlebt.

Menschengestalt und Tiergestalt

„Schieß' mich nicht, ich will Dir einen guten Rat geben", ruft der Fuchs im „Goldenen Vogel" (KHM 57). Und der Königssohn, der sich ebenfalls über die Sprache des Tieres nicht zu wundern vermag, ihn also auch nicht menschlicher Natur zuordnen kann, sagt: „Wie kann mir wohl ein albernes Tier einen vernünftigen Rat erteilen!" Das ist die logische Schlußfolgerung dessen, der von der Zweigestaltigkeit nichts weiß, demnach auch die Rolle des Dritten, der – wie die Prinzessin zwischen die Gestalten des Polymorphen gerät, nicht übernehmen kann. Erst der dritte Königssohn ist dumm genug, sich auf solchen Unsinn einzulassen. Wie wir wissen, ist es genau diese Dummheit, die ihm den Erfolg bescheren wird, obwohl der König-Vater ihn gerade deshalb nicht ziehen lassen will, denn, so sagt er: „... es fehlt ihm am Besten" und meint damit die linear verengte Logik.

Die Sprache ist ein kostbarer Besitz des Menschen. Über die Sprache Denkstrukturen gemeinsam mit anderen Menschen zu erarbeiten, Gefühle mitzuteilen und dadurch zu teilen ist zutiefst menschlich und für Menschen eine wahre Wohltat. Wer das „Wort" wie Goethes Faust bei der Bibelübersetzung gering schätzt, dem bleibt am Ende dann nur noch die „Tat", sei sie nun mit Sinn gefüllt oder auch nur Zufall.

Hesses Sicht. Nun mag es ja, wie Hermann Hesse schreibt, wohl sein, daß schon Menschen gesehen worden sein sollen, bei denen „lebten eben der Mensch und der Fuchs ... nebeneinander und keiner tat dem anderen weh". Aber es sind eben nicht die, die Entlastung brauchen, die Beratung aufsuchen. Liegen aber der Mensch mit seinem Fuchs, seinem Wolf „in ständiger Todfeindschaft gegeneinander und einer lebt dem anderen lediglich zu Leide, und wenn zwei in *einem* Bett und *einer* Seele miteinander todfeind sind, dann ist das ein übles Leben." Dann entsteht der Wunsch, eine Lebensstruktur zu finden, die das Leiden am Kampf lindert, dann entsteht Motivation zur Beratung, zur Therapie.

Der Froschkönig ist einer dieser unerlöst Leidenden, deshalb soll im Nachfolgenden das Froschkönig-Märchen im Vordergrund der zielorientiert verändernden Kommunikation, die wir Psychotherapie nennen, stehen. Dabei will ich aufzeigen, wie sehr bei den Besonderheiten der therapeutischen Kommunikation die Magie der Zaubermärchen, das erstaunlich Wunderbare also, unvermeidlicher Teil des verändernden Prozesses ist. Das ist selbst dann so, wenn man nicht mit Märchen arbeitet. Dabei ist Sprache das Medium der Wahl, und der innere Dialog zwischen den Teilen des Polymorphen ist noch wichtiger als der Dialog mit dem Therapeuten. Wesentlich ist: Der Dialog der inneren Teile des Klienten bedarf ebenso der Sprachfähigkeit wie der äußere Dialog mit dem Therapeuten.

Bei Therapeuten, die, ob sie nun wollen oder nicht, einem Kausaldenken verhaftet sind, findet auch die Frage Beachtung: Wie kommt der Frosch in den Brunnen? „Da erzählte er ihr, er wäre von einer bösen Hexe verwünscht worden und niemand hätte ihn aus dem Brunnen erlösen können als nur sie allein.“ Erstaunlich kurz wird also die Ätiologie des Dilemmas behandelt, daß der Froschteil des Helden so übermächtig geworden ist. Vom Hexen erfahren wir in einer völlig märchenuntypischen Rückblende; der wesenhafte, lineare Strang der Märchenerzählung wird, höchst merkwürdig, für eine nur knappe Auskunft unterbrochen.

Wenn der Tierteil im Menschen übermächtig wird

Noch einmal zurück zu Hermann Hesse; er spekuliert, ob sein Held Harry Haller „vielleicht schon vor seiner Geburt aus einem Wolf in einen Menschen verzaubert worden war, oder ob er als Mensch geboren, aber mit der Seele als Steppenwolf begabt und von ihr besessen war.“ Und es wäre „ja auch möglich ..., daß seine Erzieher versucht hatten, die Bestie in ihm tot zu kriegen, und ihm gerade dadurch ... den Glauben schufen, daß er in der Tat eigentlich eine Bestie sei.“ Einer solchen komplexen Frage kann man sich nur, wie Hesse es tut, hypothetisch-spekulativ nähern, da sonst die Gefahr besteht, das Wesen der Antwort zwar zu destillieren, zugleich aber das Wesentliche auf der Strecke zu lassen. Trotzdem scheint es mir eher so zu sein, daß Menschen in die Tiergestalt getrieben werden, als daß sie sich selbst hintreiben. Opfer sind die Polymorphen, die Monomorphen sind eher Treiber.

Die doppelte Identität der Personenteile zu verstehen, hilft uns die Literatur. Ich habe neben Hesses „Steppenwolf“ zwei Schriften ausgewählt: Kafkas „Verwandlung“ und Jan Philip Reemtsmas „Im Keller“.

Reemtsmas Bericht – Beginnen wir mit Reemtsmas Bericht, der, soweit es die Zeit des Entführtseins betrifft, von sich selbst in der dritten Person spricht, seine gegenwärtigen Gefühle und Meinungen aber drückt er mit „ich“, also in der ersten Person aus. Er ist dissoziiert.

„Dieses Gefühl ... auf eine Sache reduziert zu sein ...“, Wie ein Tier' habe man ihn im Keller gehalten, schrieb eine Zeitung ... „Ich weiß, daß mich verstehen wird, wer so etwas erlebt hat. Alle anderen müssen es sich gesagt sein lassen. Es gibt Gefühle – und sie haben eine unmittelbare körperliche und seelische Repräsentanz –, die man nicht über den Vergleich mit dem, was der Alltag an Unangenehmem mit sich bringt, schildern kann. Es ist nicht 'das und das, bloß schlimmer.' Es ist ganz anders.“ Das Gefühl, auf eine tierische Existenz zurückgeworfen zu werden, hat eine unvergleichbare seelische und körperliche Repräsentanz. Daran ändert auch nichts, daß Reemtsma uns das Tier nicht benennt. Es genügt der Kellerkäfig, um es zu wissen – auch wenn es nur Tiergestaltige erleben können. Um es mit Goethes Teilemetapher zu sagen, zuerst ist „der Pudel“, dann erst kann man „den Kern“ entdecken. Im Kern, so schreibt Reemtsma, sollte „es doch etwas Festes und Verläßliches geben ..., mein Ich.“ Der Tiergestaltige, der das Ich nicht mehr findet, hat es sehr schwer, die Verwünschung, die Demütigung, eine Sache zu sein, zu ertragen. „... das wirklich Furchtbare, die absolute Hilflosigkeit, das Ausgeliefertsein ... Es wird damit ein Stück Menschsein negiert.“ „Er war wegen seines Geldes im Keller, und Geld allein taugt nicht zur Identitätsbildung.“ Wie bei einem Tier waren die Entführer, seine Besitzer „nicht nur Herren über Leben und Tod, sondern auch Herren über die Art seines Todes, und der konnte einigermaßen schnell und (hoffentlich) schmerzlos ausfallen oder langsam und grausam“, denn den Tiergestaltigen schützt kein Tierschutzgesetz, aber in ihm selbst entsteht eine tierschützende Ethik. Spinnen haßt er. Sie gedeihen in seinem trockenen Kellerkäfig! Anfangs tötet er etwa 20. Dann kommt die Wende im Verhältnis zum „Besucher“-Tier. „Wenn man mich fragte, was ich 'Blasphemie' nennen würde, wäre meine Antwort: In diesem Keller eine Spinne zu töten.“

„Wie ein Tier ...“, schrieb eine Zeitung. Das „Wie“ ist von Bedeutung. Es benennt die vergleichende Metaphorik. Reemtsma spürt die Wirkung des „Wie“, aber er weiß kognitiv, daß er Mensch ist. Trotzdem: Er spürt die „Übermächtigung“ des Beutetiers durch die Raubtiere, die seine Entführer sind, und das spürt er unmittelbar und nicht nur im vergleichenden „Wie“.

Kafkas Leiden – In Franz Kafkas Erzählung „Die Verwandlung“ ist nicht von einem metaphorisierenden „Wie“ die Rede. „Märchenhaft“ nennt Hermann Hesse diesen Text, ein „Spinnweb aus Spiel und blutigem Ernst, aus Traum und tiefster Bedeutung.“ Gregor Samsa zählt als Mensch in der Tiergestalt zu den Polymorphen. „Als Gregor Samsa eines Morgens aus unruhigen Träumen erwachte, fand er sich in seinem Bett zu einem ungeheuren Ungeziefer verwandelt. Er lag auf seinem panzerartig harten Rücken und sah ... seine vielen, im Vergleich zu seinem sonstigen Umfang kläglich dünnen Beine ...“ Die Rolle der Prinzessin wird von Gregors Schwester übernommen, die des Königs von den Eltern. Dem Vater gegenüber leugnet die Schwester die polymorphe Gestalt. So wie die Prinzessin einen Frosch und nur den vor sich sieht, so sagt sie: „Daß wir es so lange geglaubt haben (daß es Gregor ist), ist ja unser eigentliches Unglück. Aber wie kann es denn Gregor sein? Wenn es Gregor wäre, er hätte längst eingesehen, daß ein Zusammenleben von Menschen mit einem solchen Tier nicht möglich ist und wäre freiwillig fortgegangen.“

Erstaunlich der nahezu gleichlautende Satz: „Er sitzt ... bei seinesgleichen und quakt und kann keines Menschen Geselle sein.“ (KHM 1) und „Gregor würde, wenn die Menschengestalt wieder überwiegen würde, sie auf das Konservatorium schicken ... und ihren Hals küssen“ (S. 119). Dagegen steht die Realität. „Sie räumten ihm sein Zimmer aus und nahmen alles, was ihm lieb war. Und als er endlich tot war, sagt Herr Samsa: „Jetzt können wir Gott danken.“ Auch hier taucht die Frage auf: Wie konnte es geschehen, daß der Königssohn in seiner zweiten Tiernatur als Frosch im Brunnen sitzt? Und auch hier wird uns im Verlauf der Geschichte Gregors Familie als eine bieder-bürgerliche Hexereigemeinschaft vorgestellt, in der der Indexpatient keine Chance hat. (Indexpatient, so nennt man das Familienmitglied, an dem die Familie ihr Kranksein definiert, um sich selbst der eigenen Gesundheit umso sicherer zu sein.) Während im „Froschkönig" die Tiergestalt rückgängig gemacht wird, ist Gregor Samsa von seiner Familie zum Tode verurteilt, das Tier ist ohne Chance, weil die Monomorphen den Menschen im Tier nicht erkennen, nicht anerkennen.

Da war ein Mann, so etwa 50 Jahre alt, der kam zu mir zur Therapie und erzählte mir recht bald, daß er als 16-jähriger die ersten drei Seiten von Kafkas Verwandlung gelesen habe. Dann habe er nicht mehr weiterlesen können. Aber das Bild von sich selbst in seinem damaligen Bett liegend als Käfer auf dem Rücken, das habe ihn nie mehr verlassen. Noch heute sehe er sich mit seinen kleinen Beinchen ohnmächtig in der Luft strampeln. Er habe auch später niemals die Erzählung zu Ende gelesen. Auf meine Frage, ob er denn wisse, wie die Geschichte ausgehe, sagt er „nein". Er wolle es auch nicht wissen, es sei für ihn schlimm genug, sich selbst als Riesenkakerlake im Bett liegen zu sehen, er beschrieb das Bild in Details.

In der Erickson'schen Hypnotherapie nennen wir solch ein Bild eine Klientmetapher, und der Therapeut hat zu allererst die Aufgabe, diese Metapher als Ausdruck der Situation des Klienten zu würdigen. Nun kann der Therapeut diese Metapher als Ressource werten und sie allmählich so verformen, daß die gleiche Metapher lösungsorientierte Komponenten enthält, aus denen der Klient eine oder mehrere auswählen kann, von denen er sich Erfolge bei der Lösung seiner Probleme verspricht. Umgekehrt kann der Therapeut eine Lösungsmetapher seinerseits entgegensetzen, eine Therapeutmetapher.

Ich entschied mich für den zweiten Weg und fragte nach dem „Froschkönig". Dies tat ich nicht nur deshalb, weil mir dieses Märchen so sehr vertraut ist, mit meiner Therapeutmetapher wählte ich eine Geschichte, an deren Ende als Lösung eine Erlösung steht, in der die Tiernatur sich auflöst. Kafkas Geschichte aber endet mit dem Tod des Helden.

Die Hoffnung auf Erlösung

– Ja, den „Froschkönig", den kenne er wohl, aber den Anfang „In den alten Zeiten, wo das Wünschen noch geholfen hat ...", den kannte er schon nicht mehr. Und der Frosch, der werde geküßt. Wir haben selten im direkten Gespräch über seine Probleme – besser über seine Wünsche – gesprochen, viel aber über die beiden Geschichten: Die Verwandlung des Gregor Samsa und die Verwünschung des Königssohns waren ausführlich Thema. Er hatte in langen Jahren seines Lebens niemals mit anderen über seine Angst, in einen Käfer verwandelt zu werden, gesprochen. Dies hatte einen guten Grund, den Reemtsma formuliert: „Von einer Minute auf die andere war er wieder im Keller. Das Gefühl war wieder da, deckte sich über alles oder schob es weg.“ Als ich ihm diese Sätze vorlas, da fand er sich in Reemtsmas Worten wieder. Und ich konnte nun Reemtsma weiter zitieren, wenn er schreibt „Es waren die Gespräche als solche, die Erleichterung brachten. Es war das Klischee, das stimmt ... wenigstens eine menschliche Stimme ... Ich übertreibe nicht, wenn ich von einer Wohltat spreche.“ Der Therapeut hat, mehr als alles andere, sich darum zu bemühen, daß der Polymorphe in beiden Rollen die Sprache wiederfindet. Dabei können Märchenhelden sehr hilfreich sein, denn bei den Polymorphen ist die Sprachfähigkeit, die sie auch in der Tiergestalt aufrechterhalten, der Wesenskern, die Wohltat, gerade so wie bei Reemtsma im Keller. Und dabei erweist sich das Froschkönig-Märchen als ganz besonders kraftvoll, weil – diese Erfahrung möchte ich voranstellen – bei allen Klienten, mit denen ich gearbeitet habe, ich immer das Gefühl hatte, das Froschkönig-Märchen sinnvollerweise erzählen zu können. Und das hat mehrere Gründe, die alle sehr eigenartig sind:

In aller Regel haben Psychotherapie-Klienten Beziehungsprobleme, besser Beziehungsgestaltungswünsche. Hermann Hesse schreibt über den Steppenwolf: „Unglücklich konnte er auch andere machen, nämlich wenn er sie liebte und sie ihn. Denn alle, die ihn lieb gewannen, sahen immer nur die eine Seite in ihm.“ Aber „Harry wollte wie jedes Wesen als Ganzes geliebt werden und konnte gerade darum ... den Wolf nicht verbergen ...“ In diesem anscheinend unauflösbaren Dilemma, das sich stets wiederholt, finden Prinzessin und Froschprinz zusammen. Aber wie kann das geschehen? Hier kommt dem erzählenden Therapeuten eine Eigenart des Froschkönig-Märchens zu Hilfe, die sinnvolle Wahlmöglichkeiten öffnet. *Den* Froschkönigtext, den gibt's nämlich gar nicht. Ich weiß wohl um die Existenz des Grimm'schen Textes. Aber wesentlicher als der Text selbst ist immer seine Rezeption. Was wird aus dem Text, während er gehört oder wenn er auch nur noch vom Hörensagen vermutet oder kolportiert wird? Ein Erzähler ist qua definitione nur ein Erzähler. Ein Therapeut, der sich der Kraft der Märchen bedient, ist im Kommunikationsprozeß zuerst einmal Zuhörer der Erzählung des Klienten und dann erst, zielgerichtet auf die Lösungsmöglichkeiten, auch ein Erzähler seiner Geschichten. Gleichgültig ob es sich um Patienten handelte oder um teilnehmende Psychologen und Ärzte in der Therapiefortbildung: Meine Frage, wie aus einem Frosch ein Prinz entsteht, wird etwa zur Hälfte stets beantwortet: Durch einen Kuß. Und zur anderen Hälfte: Durch Wurf an die Wand. Das genau meinte ich mit meinem Eingangssatz: Einen eindeutigen Froschkönigtext, den gibt's gar nicht. Nicht nur die Person Froschkönig, die Märchenhandlung selbst ist bereits polymorph, also in sich dissoziiert.

Das Froschkönig-Märchen, die Rezeptionsabweichung von der KHM

Der Nestor der deutschen Volkskunde, Lutz Röhrich, der das Standardwerk über den „Froschkönig" schrieb, meint, daß in anderen, ebenso bekannten Märchen wie „Dornröschen" und „Schneewittchen", harmonisierend geküßt wird. Wir müssen beachten: In diesem Text ist dem Prinzen die Erlöserrolle zugedacht, nicht der Prinzessin wie im Froschkönig. Röhrich vermutet also, daß die Umdeutung des Geschehens mit Hilfe anderer Märchentexte assoziativ stattfindet. Im Wesen entspricht dies auch der Lebensphilosophie vieler Menschen, nämlich der, daß nur Selbstüberwindung in grenzenloser Liebe Erlösung bewirken kann. Das Küssen ist zugleich ihr Lebensplan, ihr Skript, ihr inneres Drehbuch.

Das Problemerzeugende ist erst die weitgehende Abgeschlossenheit dieser Lebenspläne. Nicht mehr steht die Frage im Raum: Was ist angemessen, küssen oder werfen? Nicht mehr bestehen Wahlmöglichkeiten, und deshalb gibt es *keinen* Suchprozeß mehr, *keine* angemessene Lösungsstrategie, und in der Lösungslosigkeit beginnt das Leiden. Dem Therapeuten fällt die Aufgabe zu, diese Wahlmöglichkeiten wieder zu eröffnen, den Klienten, die Klientin wieder umfassend sehend zu machen, denn nur dadurch ist Wählen wieder möglich.

Ein Beispiel ist die Co-Alkoholikerin. Sie ist der Schutzengel des trinkenden Mannes. Sie erträgt, sie läßt sich – metaphorisch ausgedrückt – von ihm an die Wand werfen. Sie verströmt uneingeschränkt ihre Liebe, symbolisiert im Kuß. Wenn ich zu einer solchen Frau sage: „Ihr Mann scheint mir ein Frosch zu sein, er schwimmt im Flüssigen und scheint sich da auch recht wohl zu fühlen, solange es nur genug Flüssiges gibt. Sagen Sie mir bitte: Wie wird im Märchen ein Frosch in einen Prinzen verwandelt?" Bitte glauben Sie mir, ich habe noch keine Ehefrau eines Süchtigen gesehen, die nicht mit „küssen" geantwortet hätte. Das ist der Grund, warum sich Drogensüchtige zielsicher Partnerinnen suchen, die in diesem Sinne liebessüchtig sind. Der Schlüssel paßt zum Schloß.

Die heilende Kraft des Froschkönig-Märchens, die Symbolketten

An dieser Stelle erzähle ich den „Froschkönig" der KHM und ernte mitunter solchen Unglauben, daß ich das Buch holen und nachlesen lassen muß. Jetzt steht eine zweite Wahlmöglichkeit – das Werfen – im Raum, und mit ihr ist der Suchprozeß eröffnet: werfen oder küssen? Aber das Werfen ist schwer. Wer den Mann an die Wand wirft, ist nicht mehr sein Schutzengel. Und wer kein Schutzengel mehr ist, der ist auch kein Engel mehr. Vom „Engelsein" Abschied nehmen, das ist ein schwerer Abschied. Aber die hohe Autorität der Brüder Grimm legt es nahe, nicht ich als Therapeut. Für mich ein nutzbar willkommener Unterschied. Wir sehen hier zum ersten Mal die verändernde und damit die heilende Kraft des Froschkönig-Märchens.

Alle Märchen haben ihren Stellenwert bei der Selbstfindung. Nur weil der „Froschkönig" heute mein Thema ist, wähle ich *die* Beispiele aus, bei denen *diese* Wahl besonders sinnvoll war. Obwohl – wie gesagt – mir noch nie ein Mensch begegnete, dem ich das Froschkönig-Märchen hätte nicht erzählen können, habe ich umgekehrt für Menschen mit anderen Wünschen auch andere zutreffendere Märchen der Wunscherfüllung gefunden.

Schon bevor ich Lutz Röhrichs Ausführungen über Person- und Dingsymbolik im „Froschkönig" gelesen hatte, war ich von einem Patienten darüber aufgeklärt worden. Der Patient litt an Ängsten, die sich an seinem Herzen manifestiert hatten. Das Herz ist ja nun nicht *irgendein* beliebiges Organ, kein Teil unseres Körpers ist mit soviel Symbolik besetzt.

Als er zum ersten Mal zu mir kam, fragte ich ihn, was ich für ihn tun könne.
Der Mann antwortete: „Weiß ich doch nicht."
„Und warum sind Sie dann zu mir gekommen?"
„Der Arzt hat mich geschickt."
„Und warum hat der Arzt Sie geschickt?"
„Da müssen Sie ihn schon selber fragen, wie soll ich denn das wissen?"
„Er hat es Ihnen nicht gesagt?"
„Nein."
„Was glauben Sie, würde er sagen, wenn Sie oder ich ihn fragen würden?"
„Da kann ich Ihnen leider nicht helfen."

Man sieht, die Kommunikation war leicht behindert. So wie üblich würde ich nicht weiterkommen. Er reagierte auf das Abgeschobenwerden vom somatisch orientierten Arzt, der ihm helfen sollte, zum Psychotherapeuten mit Widerstand. Dies stand nicht im Einklang mit seiner Grundannahme, daß er körperlich krank sei, und so kam es zur Beschädigung des Einklangs zwischen uns.

Ein Arbeitsauftrag war so nicht zu erhalten, ich mußte mir den Auftrag auf einer anderen Ebene, z. B. der metaphorischen Märchenebene, holen. Ich fragte ihn: „Darf ich Ihnen ein Märchen erzählen, würde es Sie stören?", und die Antwort war: „Wenn's *Ihnen* hilft". „Oh ja", sagte ich und das war ja auch die Wahrheit.

Ich habe bereits ausgeführt, daß ich noch nie einen Menschen gefunden habe, dem man den „Froschkönig" nicht hätte erzählen können. Jetzt würde sich's zeigen. Ich erzählte den „Froschkönig". Nachdem ich mit dem Erzählen geendet hatte, sagte er: „Und warum haben Sie mir das erzählt?"

Walter Scherf schreibt in seinem Aufsatz „Das Märchenpublikum", daß zum Märchenpublikum alle zählen, die ihre Konflikte *unbewußt* zu bearbeiten suchen. Im Sinne von Scherf ist dieser Patient (noch) kein Märchenpublikum. Er will wissen, statt wirken zu lassen. Nicht wartet er auf das erlösende Wunder, sei es nun im Wandwurf oder im Kuß symbolisiert. Er will mit mir als Therapeut zurück in das Licht des Wissens und der Rationalität, nicht aber im Dunkel des Unbewußten verharren. Ich sagte zu ihm: „Darf ich Ihnen als Anwort noch eine ganz kurze Sufi-Geschichte erzählen, da ist der Held ein Mullah namens Nasreddin?" Nach Kopfnicken erzählte ich: „Der Mullah hatte einen Schlüssel verloren und lief nachts ständig um die Lampe auf der Straße herum. Ein Mann fragte ihn: „Was machst du da?“ Der Mullah sagte: „Ich suche meinen Schlüssel.“ Der Mann half beim Suchen. Nach einer Zeit fragte er: „Mullah, wo hast du den Schlüssel verloren?“ „Im Haus!“ „Warum suchst du denn dann *hier*?“ „Du mußt zugeben, hier ist es wenigstens hell genug!“ Der Mann sah mich recht hilflos an. Das zeigte mir, daß der Augenblick ausreichender Konfusion da war. Jetzt ist er im Scherf'schen Sinne Märchenpublikum geworden, denn er beginnt zu suchen, wo er den Schlüssel zu sich selbst finden könnte. Er braucht für die Suche meine Unterstützung und die liegt *niemals* in der Preisgabe irgendwelcher Intentionen oder gar von Interpretationen, die liegt in der Frage *der klugen Else*: „Wer bin ich?“ (KHM 34). Am Zweifel kann jeder Mensch verzweifeln.

Ich fragte ihn. „Wem gleichen *Sie* am meisten in diesem Märchen: Der Prinzessin, dem Frosch, dem König oder dem Heinrich?“ Dem Kern soll er den Pudel zuordnen, das ist der Sinn der Frage. Mein Patient, inzwischen allerbestes Märchenpublikum, gab in der folgenden Stunde Antwort. Was er in einer Stunde explorierte, habe ich in 6 Sätze komprimiert:

„Die Prinzessin bin ich nicht, ich bin weder jung noch schön.“

„Der Frosch bin ich nicht, weil, hätte ich eine goldene Kugel, ich würde sie nicht achtlos auf die Wiese werfen.“

„Die Kugel bin ich auch nicht, ich bin weder rund noch wertvoll.“

„Der Brunnen bin ich nicht, ich bin nicht so tief.“

„Der König bin ich nicht, ich habe wirklich nichts zu sagen.“

„Der Heinrich, der bin ich auch nicht, weil, wenn mein Chef, der Herr Landrat, als Frosch im Brunnen säße, ich würde ganz schnell den Deckel draufmachen.“

Von *diesem* Mann habe ich zum erstenmal etwas über Personsymbolik und Dingsymbolik des Froschkönig-Märchens erfahren.

Wir hatten ein langes Gespräch über das, was ihm da alles fehlt. (Der Fachausdruck ist: Selbstexploration im Widerstand) Je länger er redete, umso mehr trat das, was ihm fehlte, zurück hinter dem, was er sich wünschte. Und je mehr er dem Wünschen Raum gab, umso mehr kamen seine Veränderungsressourcen in den Vordergrund. Das genau ist die Erläuterung des Satzes: „In den alten Zeiten, wo das Wünschen noch geholfen hat.“ Die Magie des Grimm'schen Satzes wird durch das Erkennen des Umorientierungsprozesses entzaubert.

Märchen lernen, so nannte es mein verehrter Lehrer Rudolf Geiger, Märchen erlernen heißt nicht, sie interpretierend zu erläutern oder auswendig zu können, Märchen erlernen heißt, sie in den Alltag mitzunehmen, auch in den beruflichen Alltag. Dann öffnen sie sich von selber und bedürfen nicht der gelehrten Artistik, wie sie in manchen nicht enden wollenden Buchseiten gepflegt wird.

Das Märchen blieb für die nächste Stunde immer noch Rahmen, also Leitlinie, die ihn davor schützte, sich selbst zu verlieren, anstatt sich zu finden.

Wir kamen schließlich an die Stelle, die ich mit zunehmender Angst erwartete, denn sie war absehbar. „Sie haben mich doch reingelegt?“ fragte er mich vorwurfsvoll.

„Sie haben doch gewußt, daß Sie mich verwickeln würden, was mir selbst dagegen unbewußt bleiben mußte!“ Ganz ohne Frage, was er sagte, war die Wahrheit. Ich wußte wohl, wie ich ihn in den eigenen Explorationsprozeß verwickelte, während er stolz das Schutzschild der Negation mir entgegenzustrecken glaubte. Jetzt war *ich* gegenüber dem Klienten ganz ohne Schutz und angegriffen, und wer diese Situation des Unterlegenseins nicht aushalten will, der sollte den Beruf des Königs ergreifen, nicht aber den des Therapeuten, denn Therapeuten sind Bettler. Ich bat ihn um Verständnis für meine Situation und fragte ihn in etwa wörtlich: „Bitte sagen Sie mir, was hätte ich aus ihrer *heutigen* Sicht besser machen können?“ Es folgten entsetzlich lange zehn Minuten des Schweigens, bis er endlich sagte: „Nichts.“ Und das war dann die Erlösung aus *meiner* Angst, zugleich aber auch die Lösung für ihn selbst, denn er hatte damit „Ja“ zu seiner eigenen Veränderung gesagt, also ratifiziert. Wie Prinzessin und Frosch in der gleichen Sekunde erlöst werden, so war's auch mit uns beiden.

Sprache finden, um Struktur zu schaffen

Und dann folgte die letzte, die fünfte Stunde, denn mehr Zeit habe ich in der Klinik nicht. Und die endete damit, daß aus der Geschichte der Ich-Symbole wieder eine Beziehungsgeschichte wurde: „Wissen Sie,“ hat er gesagt, „ich glaube, ich hab's verstanden, ich habe meine Frau angerufen, die kommt die letzten drei Tage.“ Und so kam es dann, daß Frosch und Prinzessin wieder zur Sprache fanden. Es war die Wandlung, und die Wandlung ist stets die Voraussetzung der *Ver*wandlung. Was die Prinzessin tat, ob sie nun geworfen oder geküßt hat, das wird auf ewig der beiden Geheimnis bleiben, aber wir wissen, daß der sprechende Frosch durch die Sprache als Mensch von ihr erkannt wurde.

Es ist nicht zufällig, daß die Therapie eines Mannes über die Symbolketten läuft. Fordernd tritt der Frosch allemal auf. Und er verlangt per Kontrakt den Lohn „Mach' mir auf!“ Unerlöste Helfer müssen notwendigerweise Lohn fordern, nämlich den der eigenen Erlösung. Und am Bett droht er mit der Information ihres Vaters, wenn sie ihn nicht hinein lasse – Männer halten zusammen! Wirklich handelnd ist aber endlich doch die Prinzessin. Sie bewirkt, daß das Frosch-Muster des Prinzen durchbrochen wird. Sie *ver*zaubert nicht als Weibchen, sie *ent*zaubert als Hausdrachen. Und diese Musterdurchbrechung ist die Stelle, an der das Märchen sich endgültig als Zaubermärchen erweist. Der Wurf an die Wand bewirkt Wandlung und Wunder, ändert sein Wesen!

Das Wunder als Kraft des Wunsches

Bechstein schreibt im Vorwort zu seinem „Neuen deutschen Märchenbuch" von 1856:

„Das eigenste Element des Märchens ist das Wunderbare, wo dieses fehlt, ist ein wenn noch so gut erzählter und dichterisch bearbeiteter Stoff *kein* Märchen. Es muß im Märchen etwas geschehen, das im gewöhnlichen Leben nicht vorkommt, z. B. daß Tiere reden, daß Menschen und Tiere sich verwandeln oder verwandelt werden ..." und alles, „was in das Gebiet der *Wunsch*dinge gehört."

Bechstein hat das Märchen also auf das Zaubermärchen reduziert, auf das „Gebiet der Wunschdinge". Im Entzaubern von hexenhaften Verwünschungen sehen wir die magische Rolle der wünschenden Prinzessin.

Was kann man sich mehr wünschen als eine erfüllte Partnerschaft. Es ist von Wilhelm Solms gesagt worden, daß Prinz und Prinzessin, so auch im „Froschkönig", die ausschließliche Funktion des Hinstrebens zur königlichen Hochzeit hätten, also des Strebens nach Partnerglück und das möglichst schnell und ohne Umweg.

Es war die Enkelin von Milton H. Erickson, dem Lehrer meiner Lehrer, dem Begründer der modernen, indirekten Hypnotherapie, Nicole Erickson, 24 Jahre alt, der ich in einem spielerischen Ritual demonstrierte, wie sie selbst einen Frosch in einen Prinzen verwandeln könne. Und die spontane Reaktion war: „Aber ich will doch gar keinen Frosch, ich will *gleich* einen Prinzen." Der Wunsch ist ebenso einfühlbar, wie es unwahrscheinlich ist, daß er in Erfüllung gehen wird. Aber jetzt, ein Jahr später, vor ein paar Wochen kam sie zu Besuch zu uns mit einem jungen Mann und fragte: „Ist er ein Prinz oder ist er noch ein Frosch, und wenn Frosch, dann werfen oder küssen?"

Meine Antwort werde ich hier nicht verraten dürfen, aber man sieht, daß der Froschkönig-Suchprozeß bei Miltons Enkelin effektiv war.

Und weiter: Im kollegialen Gespräch, der Supervision, schildert eine Kollegin eine festgefahrene Therapiesituation mit einer Frau, die ständig über ihre defizitäre Lebensbilanz klagt. Sie erzählt auf meinen Rat hin das Froschkönig-Märchen. Wer von den Menschen und Dingen im Märchen ist sie selbst? Das ist die Frage. Sie ist der Heinrich, denn sie spürt ihre fesselnden Ketten. Die Stunde verläuft unauffällig. Am anderen Tag ein Anruf: Sie habe die Nacht mit Panikattacken verbracht und sei nun unfähig, aufzustehen und das Bett zu verlassen. Menschen, die etwas bewußt oder unbewußt verändern, haben Angst. Wer in solcher Situation als Therapeut Angst bekommt, der muß König werden. Die Konfusion stellt alte Systeme in Frage und ist die Voraussetzung für den Zauber, daß sich erneut etwas ändert, ohne daß man weiß warum. Nun, sagt sie, könne sie erkennen, daß sie immer die Prinzessin gewesen sei, dem Vater treu in der Unterwerfung. Und nun sei sie auch bereit, den nächsten Schritt der Prinzessin zu wagen, zu rebellieren und zu „klatschen", wie sie es nennt. Um zu rebellieren, muß sie zuerst einmal ihre enge Wohnung verlassen und siehe da, nach langen Jahren stellt sich ein Mann ein, der wie ein Prinz wirkt. Und sie möchte so gern, daß es auch einer ist, aber ist er vielleicht *doch* ein Frosch? Glücklich und skeptisch ist sie zugleich. In Fällen von Verliebtheit eine risikomindernde Mischung.

Eine andere Geschichte:

Sie sage von sich selbst, sie sei ein braves Mädchen, gut katholisch aufgewachsen und auch so geblieben. So stellt eine andere Therapeutin ihre Klientin vor. Und nach dem „Froschkönig" befragt, habe sie gesagt, daß sie sich nur an wenige Märchen erinnern könne, aber daß die Prinzessin den Frosch an die Wand *geknallt* (wieder ein neues Wort) habe, das wisse sie noch sehr genau. Das Ende dieser Geschichte ist zauberhaft und wunderbar, wirklich ein Märchen. „Als wir vor 20 Jahren geheiratet haben, da habe ich versprochen, daß ich schwimmen lerne, um mit dem Frosch baden zu gehen und das habe ich für diesen Frosch auch getan. Aber er hat versprochen, daß er mit mir einen Tanzkurs macht und hat sich immer gedrückt. Jetzt habe ich ihn klar konfrontiert. Und er wird's jetzt tun. Und dann hab ich auch meinen tanzenden Prinzen. Seitdem denk ich ganz oft an die Froschkönig-Prinzessin in mir", so schließt sie ab.

Froschkönig-Metapher und Mißbrauchsbearbeitung

Über den Verlauf dieser Therapie zu berichten, bedeutet zugleich, darüber zu sprechen, wie nahtlose Nähe zwischen Klientin und Therapeut entstehen kann. Ich habe Verständnis dafür, wenn einige Leser zu der Auffassung gelangen würden, das Nachfolgende sei besser nicht geschrieben worden.

Die Klientin, von der ich nun berichten werde, ist in dreifacher Weise vom Vater mißbraucht worden. Es gilt zuerst einmal, die Mißbrauchskategorien und die Typologie der Mißbrauchenden offenzulegen.

Das, was ich zum ersten den emotionalen Mißbrauch nenne, wird im Märchen von Hexen begangen, es ist das Auffressen, das Inkorporieren, die Verweigerung der Entwicklung der Kinder zu einer eigenen Existenz. Dem Wohlbefinden der Hexe steht die Entwicklung zur Unabhängigkeit entgegen, sie will sich an dem Jungen, Frischen wärmen, ihr soll das Junge leuchten, auch wenn es dabei verbrennt (Frau Trude, KHM 43). In diesem Sinne sind Männer durchaus auch Hexen. Der Vater meiner Klientin hat seine Frau *und* seine Tochter aufgefressen, ein überdimensionaler Hexenmeister.

Zum zweiten gibt es den Gewaltmißbrauch. Das Wohlbefinden des Mißbrauchers stellt er selbst her, indem er sich durch Gewalt gegen andere Luft macht. Der Vater hat blanke Gewalt gegen sie ausgeübt. Er hat furchtbar geprügelt. Gewalt schließt endlich auch das Töten ein. Das Opfer ist am Ende nur noch der singende Knochen (KHM 28). So ist meine Klientin von der Vorstellung geplagt, von einem Mann, der ihr zu nahe kommt, getötet zu werden.

Und zum dritten gibt es den sexuellen Mißbrauch, wie er in „Allerleirauh" (KHM 65) angedeutet wird. Das Opfer ist nur noch Sexualobjekt und wird deshalb im

Märchen als Rauhtierchen bezeichnet. So ein Rauhtierchen hat der Vater aus meiner Klientin auch gemacht. Nur der andere, der fremde, der erlösende König, der will nicht erscheinen.

Die Klientin schildert, daß die Demütigung, der Verlust des Ich-Gefühls, die Tendenz zur Selbstauflösung das Wesentliche an ihrem Trauma sind. Nicht was ihr zugefügt wurde, ist für sie das Trauma, sondern die Unbeantwortbarkeit der Frage „Wer bin ich?“, die sie wie auch die kluge Else und das Katherlieschen nicht zu beantworten vermag. Nur wenn sie, wie sie es immer wieder erlebte, sich selbst abwertet, erfährt sie Erleichterung, denn nur dann spürt sie sich selbst. Die erstaunliche Ressource ist, daß sie in diesem Zustand studiert und ihren Beruf in höchst befriedigender Weise für sie selbst und ihre Vorgesetzten ausübt. Sie glaubt aber nicht daran, daß sie eine Beziehung eingehen kann, weil sie nicht liebenswert sei. Mit kurzen intimen Männerbekanntschaften versucht sie, das Trauma zu überdecken.

Gegen Ende der Therapie – und die Sprachkraft des Froschkönig-Märchens bestens nutzend – sagt sie: „Ich bin den Männern bis zur Selbstverleugnung entgegengekommen, es war ein einziges Entgegenkommen, ich hätte mich eines Tages zu Tode geküßt.“ Und wenig später spricht sie von ihrer „Liebesbeziehung“ zu ihrem Vater. Sie sagt: „Wenn ich ihn werfen werde, dann kenne ich meine Grenze. Dazu braucht es Distanz. Wenn man selber mit dem Rücken zur Wand steht, kann man niemanden an die Wand werfen, ich muß von der Wand weg, damit ich ihn werfen kann. Dann erst werde ich glauben, daß es auch für mich Grenzen des Zumutbaren gibt.“

Wie man sieht: Es geht um Küssen oder Werfen. Und wie schon gesagt: Für den Liebenden ist das Werfen wahrlich widerlich. Und ein paar Stunden später sagt sie, daß sie weiß, wie sie werfen muß: „Ich muß den Vater als Frosch in den Brunnen verwünschen. Wie soll ich ihn werfen können, wenn er doch gar kein Frosch ist, sondern immer noch der übermächtige Vater-Riese?“ Und einige Zeit später fährt sie fort: „Wenn ich ihn in einen Frosch verwandelt habe, und wenn ich ihn dann geworfen habe, dann werde ich es wissen: Ist es das Ende, der Abschied und der endgültige Vaterverlust? Oder ist es der Anfang, der Beginn, der Gewinn? Ich habe so Angst vor diesem Augenblick. Es wird *dieser* Augenblick sein ohne allen Opportunismus, ohne jede Manipulation, ohne jede Moralisierung.“

Dann folgte eine lange Pause bis sie sagte: „Dann werde ich ein Selbstgefühl haben, und ich kann nicht wissen, ob es auch ein Wert- oder ein Unwertgefühl sein wird. Ich habe Angst davor, aber ich werde es tun“, und dann sagte sie zu mir gewandt: „Du wirst bei mir sein, denn Du bist mein Heinrich und Du bist eisern.“

Lösung als literarische Bearbeitung

Wenn man die Worte der Klientin mit dem Märchentext vergleicht, dann bemerkt man, daß sie eine literarische Bearbeitung gemacht hat, genauso, wie es Bearbeitung von immergleichen anderen Stoffen in der Literatur gibt. Psychotherapie, so wie ich sie verstehe, ist Individual-Literatur, also nicht für die Öffentlichkeit bestimmt und jeder Leser / Hörer muß zwangsläufig seine eigene Textfassung herstellen.

Auch die Kontaktanzeige, in der sie einen Frosch suchte, um ihn an die Wand zu werfen, ist Literatur, diesmal sogar öffentliche, das Chiffre ist literarisches Pseudonym. 18 Männer meldeten sich, um sich frohen Sinnes an die Wand werfen zu lassen. Es kam für sie zu wichtigen Erfahrungen männlicher Beziehungsmodelle. Die wichtigste war ein 1,95 Meter großer Frosch mit erheblichem Übergewicht, ein Psychotherapeut, dem jede Voraussetzung für das Geworfenwerden fehlte. Der Blick für die Muster der Männer, die geworfen werden wollten, wurde immer genauer.

Schließlich bat ich die Klientin niederzuschreiben, was sie mit dem Froschkönig-Märchen verbinde. Hier ist ihr Bericht, er enthält die Beschreibung ihrer Dissoziation:

„Als ich als Erwachsene zum ersten Mal das Froschkönig-Märchen hörte, war ich verwundert, daß der Frosch nicht durch küssen erlöst wird. Und auf die Frage, wem in diesem Märchen ich denn gleichen würde, fiel mir ein, daß ich ein Kind wie die Prinzessin sein könnte. Aber ich wußte, daß ich eine Erwachsene bin. Ich bemerkte zum ersten Mal, daß ich mehrere Identitäten habe, dachte ich doch bis dahin, ich hätte gar keine. Die beiden benannte ich „die Kleine“, das war die Prinzessin, und „die Große“, das war das an mir, was alltäglich funktionierte. Die Kleine war ganz auf's Küssen eingestellt, die Große entdeckte die Möglichkeit des Werfens. Je öfter sie das tat, umso größer wurde sie, die Kleine aber wollte nicht wachsen.“ Das gleicht dem Oskar-Motiv der „Blechtrommel“.

„Jetzt erst bemerkte ich meine Ängste, von Männern umgebracht zu werden. Aber ich bemerkte auch: Wenn ich sie in meiner Phantasie zu Fröschen machte, war die Angst weg. Wie will ein Frosch eine Prinzessin umbringen? Der muß aufpassen, daß er selbst am Leben bleibt. Das brachte dann auch das Gefühl mit sich: Als Prinzessin, als Kleine bin *ich* wert. Und sobald ich mir vorstellte, eine Prinzessin zu sein, konnte ich mich selbst nicht mehr beschimpfen und mit Selbstvorwürfen bedecken. Mein Adel gab mir Würde von Geburt. Ich spürte, wie die kleine Prinzessin über Ressourcen der Selbstachtung verfügte. Ich bemerkte, je weniger Angst ich vor den Männer-Fröschen hatte, umso mehr Raum war da für andere, bessere Gefühle. Ich weiß inzwischen, daß die goldene Kugel der Selbstachtung in den Brunnen gefallen war. Ich habe sie selber wieder herausgefischt. Ich bin genauso Froschprinz wie Kugelprinzessin, ich hoffe, die beiden werden in mir selbst irgendwann heiraten.“

Einmal erzählte sie mir vom Zauber der zwei Personen in ihr – von dem dissoziierten Zustand in Trance. Und auf Nachfragen erklärte sie mir erneut, daß sie selbst der Froschprinz und die Kugelprinzessin zu gleichen Teilen sei.

Zielorientierung der Märchen-Figuren

Wörtlich: „Das wäre das Ende, daß ich mich selbst liebe und respektiere, und daß die beiden Teile sich versöhnen können. Wer da wann wen an die Wand wirft und wer da wann wen küßt, ist unerheblich. Ich habe in den letzten Tagen die beiden Teile in mir gespürt, ich spüre beide Vorgänge dieses erlösenden Zaubers, und beide Teile verändern sich durch den Ärger über mich und durch die Liebe zu mir selbst. Beide Teile, beide Gefühle machen den Zauber der Erlösung und ich habe begriffen: Mit dem Ärger fängt's nur an, denn sich ärgern ist leichter als sich lieben."

Sie kennt sich aus mit den Polymorphen, mit den dissoziierten Personen und ihren Ambivalenzen, die sie metaphorisch darstellen. Faust und Mephisto, Valentin und Marthe Schwertlein, sind immer Protagonist und Antagonist der Person Goethe. Auf der Bühne ist das Weltliteratur, im Therapiezimmer immerhin Kammerkonzert.

Das Wichtige: Sie kann wählen und indem sie wählen kann, kann sie sich der Situation angemessen verhalten, sie kann sich selbst in verändertem Kontext sehen. So auch das Ende dieser gemeinsamen therapeutischen Arbeit. Sie erzählt, daß eine Freundin gesagt habe, ihr größtes Problem sei, daß sie nie einen Vater gehabt habe und immer noch voller Sehnsucht sei. Da habe sie zu sich selbst gesagt: „Da schau her, das Problem, das habe ich nicht." Und das klang versöhnlich!

Alle „Prinzessinnen" dieser Welt sollten sich immer möglichst viele Optionen offen lassen. Ist einer so widerlich, so fordernd frech, droht er mit der Intrige, den Vater zu informieren, wenn sie ihn nicht mit ins Bett nimmt, so ist wohl die Lösung „werfen" sinnvoll. Es soll aber auch verschreckte, liebenswürdige Frösche geben, die nur wegen übergroßer Scheu und Ängstlichkeit zu Fröschen mutierten. Es könnte sein, daß hier das Küssen in der Tat bessere Wirkung zeigt.

Therapeuten müssen wissen, daß sie nicht klüger sind als ihre Klientinnen und Klienten, die immer die Verantwortung für ihre Entscheidungen behalten müssen. Deshalb ist es Pflicht, Wahlmöglichkeiten zu öffnen und niemals darf man, in Form einer Metapher, nur *eine* einzige Lösung anbieten.

Anfang und Ende

Deshalb steht am Ende der große Sprung vom „Froschkönig", der Nummer 1 der Grimm'schen Sammlung, zum letzten Märchen, der Nummer 200 „Der goldene Schlüssel". Lebenslang suchen wir nach goldenen Schlüsseln und nach den Kästchen, die dazugehören. Es stehen viele Märchen im Grimm'schen Buch, und die Suche, welches denn das richtige sei, dauert wohl seine Zeit. Und so müssen wir warten, bis der Schlüssel umgedreht ist und wir im Kästchen gefunden haben, wonach wir suchten. Dieser letzte Satz in der Grimm'schen Sammlung schlägt eine Brücke zum allerersten im „Froschkönig":

„In den alten Zeiten, wo das Wünschen noch geholfen hat."

LUTZ RÖHRICH

Der Froschkönig

Rezeption und Wandlungen eines Märchens bis zur Gegenwart

Schon seit der ersten Ausgabe von 1812 war das Froschkönig-Märchen die Eröffnungs-Erzählung der Grimm-Sammlung (KHM 1). Die Brüder hielten dieses Stück, wie sie in den Anmerkungen versichern, für „eins der allerältesten und schönsten Märchen". Der Urtext der sog. Oelenberger Handschrift in der Handschrift Wilhelm Grimms ist allerdings weit nüchterner und schlichter als die spätere Bearbeitung. Da fehlt z. B. schon die bekannte Eingangsformel „In den alten Zeiten, wo das Wünschen noch geholfen hat". Die besondere Schönheit der jüngsten Königstochter wird in der Urfassung nicht eigens erwähnt. Erst später heisst es: „... aber die jüngste war so schön, dass die Sonne selber, die doch so vieles gesehen hat, sich verwunderte, so oft sie ihr ins Gesicht schien". Auch, dass die goldene Kugel „das liebste Spielwerk" des Königskindes war, wird in der Urfassung nicht erwähnt. Aus der einfachen ursprünglichen Bedingung des Frosches „wenn du mich mit nach Hause nehmen willst ..." macht die Umformung Wilhelm Grimms: „Wenn du mich lieb haben willst, und ich soll dein Geselle und Spielkamerad sein, an deinem Tischlein neben dir sitzen, von deinem goldenen Tellerlein essen, aus deinem Becherlein trinken, in deinem Bettlein schlafen: Wenn du mir das versprichst, so will ich hinuntersteigen und dir die goldene Kugel wieder heraufholen.". Zur dichterischen Erweiterung gehört auch eine gewisse psychologische Motivation: „Wenn der Tag recht heiss war" und „wenn sie Langeweile hatte, ging die Königstochter zum Brunnen und spielte mit der goldenen Kugel". Oder Gedanken der Königstochter werden reflektiert: „Sie dachte aber: Was der einfältige Frosch schwätzt, der sitzt im Wasser bei seinesgleichen und quakt und kann keines Menschen Geselle sein"; und entsprechend später: „ich dachte aber nimmermehr, dass er aus seinem Wasser herauskönnte". Auch die pädagogische Argumentation des Frosches gehört hierher: „heb mich heraus, oder ich sag's deinem Vater". Die Einfügung zusätzlicher Dialogpassagen in wörtlicher Rede führt nicht nur zu einem lebhaften Erzählstil, sondern fast zu einer Art Dramatisierung: „Warte, warte, nimm mich mit, ich kann nicht so laufen wie du" – „Sei still und weine nicht, ich kann wohl Rat schaffen" – „Nun wirst du Ruhe haben, du garstiger Frosch".

Poetische Zutat ist ferner die Einfügung redensartlicher Ausdrücke, die den Erzählstil im Sinne fiktiver Mündlichkeit volksnah machen sollen: „Du schreist ja, dass sich ein Stein erbarmen möchte" – „Ach, du bist's alter Wasserpatscher" – „Da kam, plitsch, platsch etwas die Marmortreppe heraufgekrochen". Geradezu sprichwörtliche Wendungen sind: „Was du versprochen hast, das musst du auch halten" oder „wer dir geholfen hat, als du in der Not warst, den sollst du hernach nicht verachten". Auch nachher wird dieses Prinzip fortgesetzt, wenn der zurückverwandelte Königssohn „nach ihres Vaters Willen ihr lieber Geselle und Gemahl" wird. Gerade die explizite Mahnung des Vaters, das gegebene Wort zu halten, ist eine Zutat Wilhelm Grimms.

So ist aus einem ursprünglich sehr viel schlichteren Erlösungsmärchen eine moralisch geprägte Erzählung geworden. Die Lehre lautet: Das gegebene Versprechen muss jedem, selbst gegenüber einem Tier, eingehalten werden. Und es ist bezeichnenderweise der alte König, der diese Moral vertritt. Die Rolle des königlichen Vaters wird überhaupt erst durch die Bearbeitung der Brüder Grimm herausgehoben, und sie entspricht der bürgerlich-patriarchalischen Familienordnung und den pädagogischen Absichten der Brüder Grimm.

Mit Rücksicht auf die Kinderstube hat die Grimm-Bearbeitung auch alle erotischen Anspielungen peinlich vermieden. In der Urfassung dagegen sagt der Frosch sehr direkt: „Ich will bei dir schlafen", und nach der Verwandlung „legte sich die Königstochter zu ihm". Die kindlichen Züge der ihrem Vater gehorsamen Heldin sind durch die Bearbeitung der Grimms verstärkt worden.

Kindertümlichem Denken soll auch eine gewisse Verniedlichung dienen, wie sie die auffallend häufigen Verkleinerungsformen zum Ausdruck bringen: Händchen, Tellerlein, Tischlein, Becherlein, Bisslein, Kämmerlein, Bettlein etc. Während sonst das mündlich überlieferte Märchen die einfache Benennung liebt, gibt es in KHM 1 durch den Bearbeitungsstil Wilhelm Grimms bemerkenswert viele schmückende Adjektive: der grosse dunkle Wald, die alte Linde, der kühle Brunnen, das liebste Spielwerk, der dicke hässliche Kopf, der alte Wasserpatscher, die goldene Krone, der einfältige Frosch, das schöne Spielwerk, die goldenen Teller, der garstige Frosch, das schöne reine Bettlein, die schönen freundlichen Augen, die böse Hexe, der junge König etc. Beabsichtigte Wortwiederholungen intensivieren den Ausdruck: „sollte und sollte", „wieder und wieder", „war tief, so tief ...", „warte, warte".

Mit diesen bewusst eingesetzten Stilmitteln haben die Brüder Grimm aus einer relativ kunstlosen Erzählung ein Stück Kunstprosa geschaffen. Schon der Anfang schildert eine Szene mit ausgesprochen romantischer Kulisse: „Nahe bei dem Schloss des Königs lag ein großer dunkler Wald, und in dem Wald unter einer alten Linde war ein Brunnen." Solche Naturschilderungen sind dem schlichten Märchenstil sonst eher fremd. Die Stileigentümlichkeiten reichen bis zu einer gewissen Verkitschung, wenn es zum Schluss heisst: da „kam ein Wagen herangefahren mit acht weissen Pferden bespannt, die hatten weiße Straußfedern auf dem Kopf und gingen in goldenen Ketten ...". Walt Disneys Hollywood-Revue-Ausstattung scheint hier schon vorweggenommen.

Die Bearbeitungstechnik der Brüder Grimm muss man im Auge behalten, wenn man KHM 1 mit seinen aus der mündlichen Tradition aufgezeichneten Varianten vergleicht. Vom Froschkönigmärchen – AaTH 440 – gibt es nicht allzuviele deutschsprachige Varianten. Lässt man sie Revue passieren, so sind sie zu einem nicht geringen Teil Grimm-abhängig. Vor allem in der Erlösungsmotivik erweisen sich die Abhängigkeiten. Wo der Frosch von der erbosten Prinzessin gegen die Wand geworfen wird, ist die Abhängigkeit vom Grimm-Text evident. In den meisten anderen Varianten wird jedoch eine echte Erlösungsleistung durch Ekelüberwindung, Kuss und Beilager gefordert, wodurch der verwunschene Tierbräutigam erlöst wird.

Die Grimm-unabhängigen Varianten verlaufen strukturell deutlich anders. Z. T. sind es auch andere Tiere, die darin auftreten, wie Kröte, Schlange, Krebs oder Skorpion.

Das treffliche Beispiel einer Grimm-unbhängigen Variante bietet etwa eine ostpreussische Erzählung aus der Sammlung Hertha Grudde („De Kreet"). Die Heldin heißt Wilhelminke und ist die einzige Tochter von Gärtnersleuten, die an einem See leben. Von dort schleppt die Tochter das Wasser zum Waschen nach Hause. Es gibt Versionen unseres Märchens, die nicht in der Welt des Hofes spielen. Des öfteren ist das Märchen auch – wie in diesem Falle – in einem niederen sozialen Milieu angesiedelt. Da gibt es keinen König, keine Prinzessin, keine goldene Kugel, keinen Frosch, kein An-die-Wand-Geknalle, keinen eisernen Heinrich, dafür aber eine echte Selbstüberwindung als Erlösungsleistung eines einfachen Mädchens. Vor allem aber ist eines deutlich: Dies ist kein nacherzählter Grimm, sondern die authentische Eigenleistung einer ostpreussischen Landarbeiterin und doch eine dem Grimm-Text durchaus ebenbürtige Froschkönig-Version.

Wenn Psychologen immer wieder zentrale Märcheninhalte als Schilderung von Reifungsvorgängen beschrieben haben, so war das Froschkönig-Märchen stets ein Paradebeispiel. In der spielenden Königstochter finden darum auch Kinder stets ein wünschenswertes Identifikationsangebot. Mit dem goldenen Ball – so hat man wiederholt interpretiert – geht dem Mädchen auch die goldene Welt der Kindheit, des Spiels, der Unschuld verloren. Zu Anfang des Märchens ist die Heldin noch ein spielendes Kind, und am nächsten Tag heiratet sie bereits. Es wäre also ein sehr beschleunigter Reifungsprozess, sozusagen einer im Zeitraffer, den die Prinzessin durchmacht, und so ist es kein Zufall, dass andere Varianten zwischen dem Kindheitserlebnis der Prinzessin und dem Auftauchen des Tieres im Schloss einige Zeit vergehen lassen, „bis die Prinzessin mittlerweile achtzehn Jahre alt geworden war". In jedem Fall realisiert die Erzählung das Ende der Kindheit und das Erwachen des Selbst in einer Art Übergangsritual, die Entwicklung vom verspielten Kind zur heiratsfähigen Frau: Das Mädchen wird „mannbar" („ready for man").

Auch für den Frosch bedeutet das Märchengeschehen eine Art Initiation: Der Frosch muss viele Stufen überspringen, um die Verwünschung abzulegen und Mensch zu werden. Die intime Begegnung mit der Frau hebt den Mann auf eine höhere, menschliche Ebene.

Deutlich hat das Froschkönig-Märchen etwas mit Sexualität und Angstgefühlen zu tun: Es zeigt, dass zur Liebe eine radikale Veränderung der bisher egoistischen Einstellung notwendig ist. Dies wird in dem höchst eindrucksvollen Bild der Verwandlung eines hässlichen Tieres in einen schönen und vollkommenen Menschen zum Ausdruck gebracht.

Das Märchen ist den Brüdern Grimm von Frauen erzählt worden, und in der Tat kann eine Frau sich am ehesten mit der Heldin dieser Erzählung identifizieren. Es ist ein Frauenmärchen. Dabei ist übrigens auffällig, dass von anderen weiblichen Personen nicht die Rede ist: Die älteren Schwestern der Prinzessin werden nur erwähnt, aber sie treten handlungsmässig nicht in Erscheinung. Das gleiche gilt für die böse Hexe, die der Prinz als Urheberin des Schadenzaubers nennt. Von einer Mutter ist in diesem Märchen ebenfalls nicht die Rede, obgleich es sie wohl gegeben haben muss. Wie in so vielen Tierbräutigamgeschichten ist es auch im Froschkönig der Vater, der seine Tochter und ihren späteren Gemahl zusammenbringt. Nur durch seine Hartnäckigkeit kommt die glückliche Vereinigung zustande. Das Verhältnis der Prinzessin zum Frosch ist ambivalent: Einerseits läuft sie davon, andererseits geht sie und öffnet die Tür, als er anklopft. Sexuelle Abneigung und Schuldgefühl sublimieren sich schliesslich zu wirklicher Liebe. Abneigung, Ekel und Hass schlagen in Liebe um. Aus solchen Gründen ist das Froschkönig-Märchen immer wieder mit Schwierigkeiten in partnerschaftlichen Beziehungen parallelisiert und therapeutisch herangezogen worden.

Über Geschlechterbeziehungen anhand des Froschkönigmärchens sind mehrere Bücher geschrieben worden, u. a. von Hans Jellouschek, der sich selbst als psychologischen Paar-Therapeuten bezeichnet. Die Verlagswerbung für sein Buch verspricht Aufklärung darüber, warum Frauen und Männer einander nicht verstehen, und wie sie es doch lernen könnten, Beziehungen zu einander zu gestalten. Um die Sache abzurunden, hat Jellouschek gleich noch ein Buch über die Froschprinzessin nachgeschoben, Untertitel: „Wie ein Mann zur Liebe findet“. Solche Bücher erreichen hohe Auflagen. Wie zumeist in der psychologischen Märchenliteratur werden Märchen hierbei nicht gedeutet. Nicht der Märchentext steht im Mittelpunkt, sondern reale alltägliche Partnerschaftsprobleme oder psychische Störungen, die die Menschen in die Sprechstunde von Psychotherapeuten treiben, werden illustriert am Beispiel von bekannten Märchen. Es geht den Autoren darum, dass sich ihre Leser in den Märchentexten wieder finden. Natürlich können sich auch Männer mit dem Froschkönig identifizieren. Der Buchtitel eines Autors namens Arne Piewitz lautet: „Ich war der Märchenprinz“. Es lohnt sich nicht, dieses ziemlich miese literarische Erzeugnis zu lesen. Aber Umschlagbild und Titel lassen vermuten, dass sich der Autor nicht mit dem erlösten Märchenprinzen, sondern mit dem an die Wand geknallten und dabei ziemlich lädierten, jedenfalls nicht erlösten Frosch identifiziert. Auch das Buch von Lothar Jander „Was den Frosch zum Prinzen macht“ deutet das Märchen für den Gebrauch von Männern; Untertitel: „Wie Mann sich in Märchen und Mythen neu finden kann“.

In dem Gedicht *Bräutigam Froschkönig* von Marie Luise Kaschnitz wird das Motiv des hässlichen, ungeliebten und erlösungsbedürftigen Tierbräutigams zum Bild des Mannes in einer kriegerischen und männlichen Welt, die der Erlösung zum Menschlichen bedarf. Die Frau repräsentiert dieses Menschliche, sie verkörpert das Leben („Jungfrau Leben“). Doch die Erlösung, d.h. eine Annäherung auf der glei-

Marie Luise Kaschnitz:

Bräutigam Froschkönig

Wie hässlich ist
Dein Bräutigam
Jungfrau Leben

Eine Rüsselmaske sein Antlitz
Eine Patronentasche sein Gürtel
Ein Flammenwerfer
Seine Hand

Dein Bräutigam Froschkönig
Fährt mit Dir
(Ein Rad fliegt hierhin, eins dorthin)
Über die Häuser der Toten

Zwischen zwei
Weltuntergängen
Preßt er sich
In Deinen Schoß

Im Dunkeln nur
Ertastest Du
Sein feuchtes Haar

Im Morgengrauen
Nur im
Morgengrauen

Erblickst Du seine
Traurigen
Schönen
Augen.

Elisabeth Hofelich:

Entzauberung

Du wolltest Deinen goldnen Ball zurück.
Ich bracht ihn Dir; Du schenktest mir Vertrauen
Und überwandst Dein anfängliches Grauen,
Und ich genoß ein nie erahntes Glück.

Ein stolzer Prinz erschien ich Deinen Augen,
Da liebestrunken mich Dein Arm umschlang,
Und dennoch fragt ich zweifelnd mich und bang:
Wie lange mag der holde Trug uns taugen?

Ein kurzer Rausch! Vorüber war die Nacht,
Als Du aus süßen Träumen jäh erwacht
Aufschrakst und schreiend schleudertest mich fort.

Nun sitz ich wiederum am alten Ort
Und fühl' bestürzt: Du wirst mir nie verzeihn;
Ich bin ein Frosch und kann nichts andres sein.

chen menschlichen Ebene findet nicht statt. Während das Märchen nur Handlung bringt, versetzt sich hier eine Frau in die Lage der Prinzessin und reflektiert deren widersprüchliche Gefühle.

Auch das Sonett von Elisabeth Hofelich (die Autorin lebt in Stuttgart) handelt von einer nicht glückhaften Froschpartnerschaft, diesmal aus der Perspektive des Froschmannes. Beide Gedichte haben erfasst, dass es im Froschkönig-Märchen um eine problematische und schicksalhafte partnerschaftliche Begegnung geht. Das Tierwesen, mit dem man Kontakt aufgenommen hat, entspricht nachher nicht den Glückserwartungen, die man zuvor daran geknüpft hat.

Das Zaubermärchen und speziell die Tierbräutigam-Erzählungen verlangen ihrem Wesen nach die Erlösung. Doch Lyrik unserer Zeit, die sich des Märchens bedient übernimmt oft nur die Erlösungssehnsucht, ohne sie in der Realität heutigen Lebens wiederfinden zu können.

Die Umsetzung des Märchengeschehens in Dichtung ist eine mögliche Rezeption. Aber wie gehen Erwachsene sonst mit den Märchen ihrer Kindheit um? Welchen Nutzen ziehen sie daraus für ihr eigenes Leben? Wo bleiben die Identifikationsangebote? Mir ist aufgefallen, dass Partnersuchende in Heirats- und Bekanntschaftsanzeigen häufig zu den Metaphern des Froschkönigmärchens greifen. Und wiederum sind es vor allem Frauen, die auf solche Weise ihre Sehnsucht nach Liebe und Glück artikulieren. Die folgenden Beispiele stammen aus Tages- und Wochenzeitungen der vergangenen Jahre. Wiederholungen sollten den Leser nicht ermüden; sie sind beabsichtigt, um zu beweisen, dass es sich nicht um ein einmaliges, sondern typisches Phänomen handelt.

– Märchenprinzessin
mit langem blonden Haar (41 / 1.72 / 54); sucht immer noch ihren Märchenprinzen im Raum 5; bis 48 Jahre. Also, sei kein Frosch! Bildzuschrift bitte an ZF 7519, Die Zeit, Hamburg

– Zahnärztin,
39 Jahre, sportlich, attraktiv, selbständig, sucht Liebe und Leidenschaft; eine geistig-seelisch-körperliche Wahlverwandtschaft mit dem Prinzen, der beim Küssen nicht zum Frosch wird. Frühlingshochzeit in der Toskana – mit einem geistreichen, anspruchsvollen selbständigen Akademiker aus dem Raum Düsseldorf

– Märchenprinz?
Ein bisschen muss man schon selbst tun. Prinzessin / Hexe (32) mit kleinem Sohn, sucht ganz normalen Frosch, der sich küssen lässt.

– Eine sehr vorsichtige Königstochter, die es nicht wagt, den Frosch so mir nichts dir nichts zu küssen, inseriert im Mai 1998 in der Basler Zeitung:
Mein Froschkönig müsste zuverlässig, intelligent, erfolgreich, lustig, wenig sportlich, aber kommunikativ und warmherzig sein, dann würde ich ihn küssen und zu meinem Prinzen machen. Ich, 38/ 164, ledig, attraktiv, allen schönen Dingen zugetan, freue mich von Dir zu hören. Tel. 2002

– Ich geb's ja zu: eigentlich will ich doch den Frosch zum Küssen!
Zwei unabhängige Frauen mit 5 minütigem Drang zum Anlehnen, selbständig und doch ab und wann entscheidungsunfähig, selbstbewusst, brauchen aber täglich Aufbausekunden, brauchen Machos mit Herz und Tiefgang. Verstand wäre von Vorteil. Grösse: ab 1.80, damit wir auch aufschauen können. Alter: ab 40, damit die Weisheit Sie bereits geküsst hat. Weltanschauliche Dinge können später abgehandelt werden. Können Sie Briefe schreiben? ZH 1694 Die Zeit, Hamburg (16. Sept. 1999).

– Wo ist der Froschkönig, der die Prinzessin wachküsst?
Der lieber Tränen lacht als Tränen weint. Der das Leben in allen Facetten geniessen kann, der über ein gutes Ambiente verfügt, beruflich engagiert ist und über eine gehörige Portion Weltoffenheit verfügt. Die Prinzessin ist 50 Jahre, hochgewachsen, blond, intelligent, gutaussehend, Spracheninteressiert, Weltenbummlerin mit sehr viel Tiefgang. ZH 3702 Die Zeit, Hamburg

Seltener offerieren sich Männer als hilfsbereite Frösche:

– Freundlicher Frosch im Raum Münster (33) hilft zu bekannten Bedingungen bei Verlust von goldener Kugel, Chiffre: Eiserner Heinrich

Gelegentlich werden die Geschlechterrollen aus dem Märchen vertauscht:

– Fröschin sucht Prinzen,
damit sie, 41 Jahre, 167, nicht mehr klein, grün und unsicher in einer Welt von lauter Paaren herumhüpft, sondern – nach einem Kuss? – wieder erfährt, dass sie attraktiv, sinnlich, kreativ, etwas sportlich, sehr weiblich und sogar erfolgreich ist, was sie ohnehin weiss, aber im Moment, weil ungeteilt, nur halb geniessen kann.
Der Prinz (plus minus 45, ab ca. 1.80), rauchfrei, eheerfahren, sollte geistig, menschlich, körperlich, kulturell und kulinarisch eher anspruchsvoll sein, etwas reise- und unternehmungsfreudig, sich aber, genau so wie ich über einen Tisch mit Kerzen und bei Barockmusik und eine zärtliche Berührung freuen können, egal wer kocht. Sei kein Frosch! Sei mein Prinz! Komm!

Es sind fast immer Frauen, die sich einen Frosch wünschen, der sich küssen lässt oder aber auch Frauen, die gerade keinen Frosch mehr wollen, weil sie mit Fröschen schlechte Erfahrungen gemacht haben. Auch hierfür ein paar Beispiele:

– Wo ist mein Traumprinz?
Habe von Fröschen die Nase voll. Melde dich unverbindlich bei mir, weiblich, 32, unkompliziert.

– Froschkönig gesucht!
Garantiert bessere Behandlung als bei den Brüdern Grimm; möglichst gleichaltrig und passend zu: Kinderbuch-Illustratorin, 48, zierlich, sportlich, reise- und unternehmungslustig, bestimmt nicht doof und hässlich ...

– Wieviel Frösche muss ich (charmante 40erin, 168) noch küssen, um den erfolgreichen Mann meiner Träume für eine nicht alltägliche, unkomplizierte und trotzdem normale Beziehung zu finden?

Natürlich sind Sie kein Frosch und auch kein echter Prinz, sondern ein sehr gut aussehender, erfolgreicher Mann, der sich nach einem Leben zu zweit mit einer sehr attraktiven, sportlichen Ärztin, Anfang 40, beruflich engagiert, aber mit Sinn für alles Schöne, sehnt.

Im Bereich der Parodie und des Witzes erlebt das naive Märchengeschehen eine psychologische Reflexion und Brechung. Die Gründe für Parodierung sind mannigfaltig. Wenn nur einfach die Geschlechterrollen vertauscht werden, so steht dahinter wohl das Mißvergnügen, dass diese im traditionellen Märchen oft auf eine zu patriarchalische Weise fixiert sind. *Froschkönig*-Witze machen oft die unbewußt-erotischen Vorgänge des Märchens bewusst. Zugleich verändern sie grundsätzlich den Ausgang. Märchen-Cartoons und Märchen-Witze ziehen die vielepisodige Märchenerzählung in wenige Bildfolgen oder gar in eine einzige Momentaufnahme zusammen. Fast immer besteht die Pointe darin, dass das traditionelle Element des Zaubermärchens in einen unerwarteten Kontrast zu rationalen Überlegungen tritt.

In knappen Umrissen wird z. B. das wohlbekannte Märchen wiedergegeben: Eine Prinzessin findet einen Frosch und küsst ihn. Da verwandelt er sich in einen schönen Prinzen, und sie leben glücklich und zufrieden; bis sich herausstellt, dass der Prinz im Grunde doch ein Frosch geblieben ist, der mit seiner langen Zunge – ein Relikt seiner Froschexistenz – noch immer den Fliegen nachstellt. Die Humanisierung des Frosches bewirkt zugleich eine 'Verfroschung' des Menschen.

Abb. 1 „Diesen Frosch zu küssen war der größte Fehler meines Lebens!"

In anderen Versionen findet eine Prinzessin einen Frosch. Sie küsst ihn. Es gibt einen großen Knall, aber statt zweier liebender Menschen sitzen nun zwei Frösche im Gras.

Abb. 2 Chas Addams (1912–1988): Störfall im Paradies

Die allzu große Annäherung an das Niedrige führt dazu, dass die Erlöserin (oder auch der Erlöser) selbst zum Frosch wird.

In einer weiteren Version bleibt der Frosch ein Frosch. Auch nachdem die Prinzessin ihn mit sich ins Bett genommen hat, verwandelt er sich zu ihrem Leidwesen noch immer nicht in den erhofften schönen Prinzen.

So denkt sich die moderne Karikatur einen völlig anderen als den gewohnten Märchenausgang; die frustrierte Prinzessin, die sich in ihren Hoffnungen getäuscht sieht, ist Gegenstand unseres schadenfrohen Lachens. Mit dem Zusammenbruch des Erwartungshorizonts wird eine komische Wirkung erzielt.

Abb. 3 „Du hast gelogen!“

Der Froschkönig kehrt wieder zu seiner angetrauten Fröschin, zu seiner Familie und seinen Kindern zurück, oder er wird nur halb erlöst und beklagt sich über den nur mangelhaften Kuss der Prinzessin. Fast durchgängig findet eine Sexualisierung statt: Das Tierbräutigam-Märchen wird in seiner sexualpsychologischen Bedeutung erfasst, oder zumindest wird ihm eine solche unterstellt.

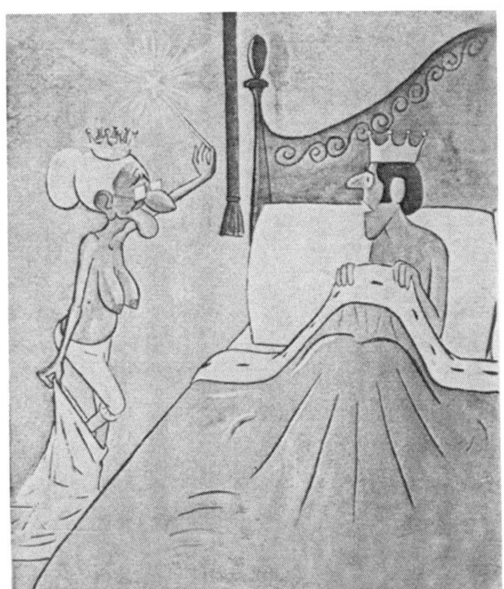

Abb. 4 „Das Ganze zurück. Ich möchte sofort wieder ein Frosch sein!“

In anderen Fassungen (Playboy) muss der bereits in einen hübschen Königssohn verwandelte Frosch feststellen, was für eine hängebusige, schreckliche Alte da aus ihren Hüllen steigt und zu ihm ins Bett will. ‘Das Ganze zurück’, lautet der unterlegte Text, ‘ich möchte sofort wieder ein Frosch sein’. Oder er springt entsetzt davon, als er feststellen muss, dass seine ‘Erlöserin’ dick, fett und alt ist.

Abb. 5

Abb. 6 Cartoon aus: Peter Gaymann / „Flossen hoch!"/ Fackelträger

Das gleiche gibt es auch mit umgekehrten Geschlechtsverhältnissen: Der verwandelte Prinz ist ein buckliger, zahnloser Alter, der sich nur mühsam an zwei Stöcken bewegen kann.

Das Geschehen wird psychologisch reflektiert, z.B.: Die Königs-Tochter hat einen Froschmann geheiratet. Die ganze königliche Familie und der Hof wissen es, nur das Mädchen meint, sie hätte einen Prinzen bekommen.

Der Frosch beklagt sich bei der Prinzessin: 'Ich möchte keineswegs in einen Prinzen verwandelt werden. Ich möchte, dass Du mich so akzeptierst, wie ich bin.' Oder: Der Prinz auf dem Thronsessel gesteht seinem Freund ein: Ich war zweifellos glücklicher, als ich noch ein Frosch war.

Auch märchenhafte Partnerschaften sind nicht mehr unbedingt für das ganze Leben bestimmt. „Küss mich", sagt der Frosch: „Ich bin ein verzauberter Lebensabschnittgefährte!"

So gibt es nicht nur happy endings, sondern auch Enttäuschungen durch den erlösten Partner. Sie sagt zu ihm: „You kissed better, when you were a frog": Als du noch ein Frosch warst, hast du entschieden besser geküsst.

Manchmal wird auch die genetische Folge einer solchen Frosch-Liaison nicht bedacht: Die Prinzesin hat den Frosch geküsst. Er ist zum strahlenden Prinzen geworden. Das junge Paar wird in der Schlosskapelle getraut und bald stellt sich auch schon Nachwuchs ein, aber: Im Kinderwagen liegt ein kleiner Frosch.

Oder, ein anderes Nachwuchs-Problem: Eine ältere

Frau, mit den Lockenwicklern im Haar als typische Middle-class-Amerikanerin gekennzeichnet, telefoniert mit ihrer Freundin: „Tja, Silvia ... Ich küsste diesen Frosch. Er verwandelte sich in einen Prinzen. Wir haben geheiratet und schon saß ich da mit einem Haufen Kaulquappen.“

Abb. 7 „Tja. Silvia ... Ich küsste diesen Frosch, er verwandelte sich in einen Prinzen, wir heirateten, und schon saß ich da mit einem Haufen Kaulquappen!“
aus: Gary Larson: Die andere Seite

Abb. 8 „Ich habe dir gesagt, du sollst einen Frosch küssen nicht eine Kaulquappe ...!“
Aus: Bäcker Stimme 31 (5.8.1994)

Nur äußerst selten ist die aus Grimm bekannte Szene vom an die Wand-werfen des Frosches in den Cartoon eingegangen, dann aber im Sinn einer „Schlüsselszene der Frauenemanzipation“. Von Erlösung ist dann freilich nicht mehr die Rede.

Abb. 9 Aus: Rotraut Susanne Berners Märchenstunde“, Weinheim 1998

Die Froschkönig-Cartoons führen die Erlösungssehnsucht des vorgegebenen Märchens ad absurdum. Sie verraten eine desillusionierende, blasphemische Skepsis gegen das Wunder und noch mehr Skepsis gegen die romantische Idee der „wahren Liebe“. Cartoons und Märchenwitze sind eine massive Kritik an einer Zeit, die nicht mehr an das Wunder glaubt.

Der Witz greift die Wahrheit des Märchens an, er stellt sie in Frage; er spottet über den Optimismus des Märchens. Der Witz rüttelt an dem Glauben, dass eine gelungene Erlösung gleichzeitig auch alle anderen Probleme glücklich löst. Der Cartoon stellt die skeptische Frage: Ist es im Leben nicht oft so, dass der Wunschpartner, der sich anfänglich so vorteilhaft gezeigt hat, in der Ehe sein wahres, hässliches Gesicht wieder hervorkehrt? Sehr häufig entpuppt sich der Frosch dabei als ein unterlegener, schwacher oder impotenter Mann.

Trotzdem haben unsere Beispiele gezeigt: Frösche brauchen Frauen, und auch Erwachsene brauchen Frosch-Märchen.

In vielen Polit-Karikaturen verkörpert der zu küssende Frosch ein politisches Versprechen auf eine bessere Zukunft. So sind es insbesondere dicke, großsprecherische oder schleimige , vielschillernde Politiker, die in Karikaturen als Frösche oder Froschprinzen auftreten, die sozusagen nur vom Wähler geküsst zu werden brauchen, um sich in sympathische und attraktive Minister, Kanzlerkandidaten oder Parteivorsitzende zu verwandeln.

Abb. 10 „Bussi! Bussi!!!“

Abb. 11 „Küsse mich, und ich verwandle mich in einen wunderschönen Bundeskanzler!" Nebelspalter, 1979

Nicht selten erscheint der Frosch politischen Cartoons als eine Art Symbolfigur der Grünen. „Bussi! Bussi!", „Küsschen! Küsschen"! bettelt der grüne Frosch den bräutlich geschmückten SPD-Kanzler-Kandidaten von 1994: Trotz eindeutiger Angebote von seiten der Grünen weigerte sich Rudolf Scharping, eine Koalitionsaussage zugunsten der Grünen zu machen.

Abb. 12 FAZ vom 22.5.85

Koalitionen mit den Grünen werden und wurden immer wieder in die Metaphorik des Froschkönigmärchens schablonenmässig gepresst. „Es muss sein, muss, Liebes!" wird dem nordrhein-westfälischen Ministerpräsidenten die Liaison mit dem grünen Partner schmackhaft gemacht, während Schröder und Lafontaine im Gebüsch lüstern aufpassen, wann denn nun endlich geküsst wird.

Abb. 13 „Hallo, Partner!" Spiegel 22.V.1995

Doch mit den Grünen zu koalieren, ist gefährlich. Das ist nicht erst eine Erfahrung von 1999. Nach den Landtagswahlen in Nordrhein-Westfalen und Bremen 1995 entschwinden neue Koalitionsmöglichkeiten für SPD und CDU.

Abb. 14 Rulles spitze Feder, Oberhess. Presse, März 1999

Eine Schöne repräsentiert den deutschen Wähler. Sie küsst einen grünen Frosch, und plötzlich verwandelt sich der Geküsste zu ihrer Enttäuschung in den Umweltminister Trittin!

Abb. 15 Zeichnung: Stuttmann
Bad. Ztg. vom 22. Juli 1994

Nur mit Widerwillen küsst US-Präsident Clinton einen Frosch mit den Gesichtszügen des deutschen Bundeskanzlers Kohl: „Sei kein Frosch und mach dich an die Arbeit!" sagt er dem nur allzu Dienstwilligen in Uniform. Die Szene bezieht sich auf das Warten auf einen militärischen Einsatz „out of aerea" – gemeint ist Bosnien.

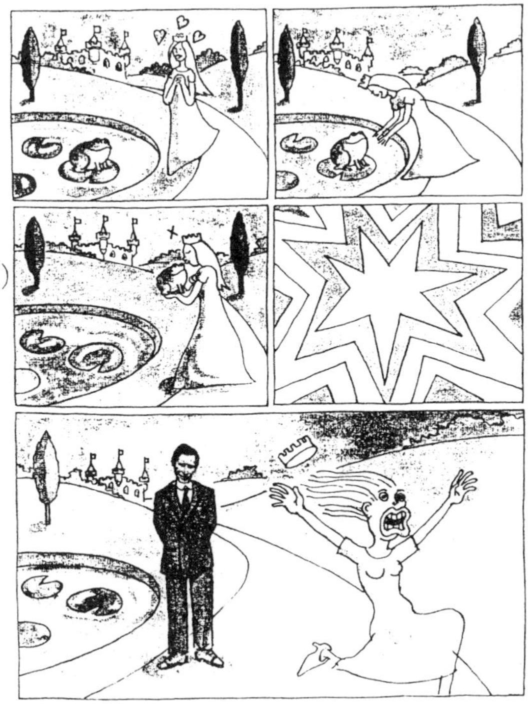

Abb. 16

Der nächstfolgende Cartoon kommt aus England:

Eine Prinzessin trifft auf einen Frosch – Sie küsst ihn – es gibt einen Knall – und wer steht da? – Prinz Charles. Entsetzt flieht Lady Di.

Die Traumhochzeit von 1981 entpuppte sich schon sechs Monate später als Alptraum. Als Diana Spencer damals ihren Prinzen küsste, – so sagte man in England – verwandelte der sich in einen Frosch.

Man hat das vermehrte Auftauchen von Bildwitzen vom Typ Froschkönig in einen aktuell-politischen Kontext zur englischen Königsheirat von 1981 bringen wollen. Das ist sicher eine Denkmöglichkeit. Aber es muss noch andere Gründe für die Beliebtheit von Märchenwitzen in unserer Zeit geben als nur der vorübergehende Anlass einer Prinzenheirat. Von Äsop und Aristophanes bis zu La Fontaine, Mark Twain und John Steinbeck haben Frösche die Phantasie beflügelt. Es muss doch einen Grund dafür geben, warum der geliebte oder ungeliebte, geküsste, verwandelte oder auch nicht verwandelte Froschkönig so oft Gegenstand von Witzen, Kurzgeschichten, Gedichten, Comic Strips und Cartoons geworden ist. Die auffällig häufig entstellende Verwendung des Grimmschen Märchens für die unterschiedlichsten Zwecke, für die Werbung, Parodierung oder für schadenfrohe Witze über die lächerliche Diskrepanz zwischen Erwartung und Wirklichkeit zeigt, dass es offenbar weithin ein Bedürfnis dafür gibt, das bekannte Märchen zu ändern, aufzuheben oder gar seine erzählerischen Funktionen umzukehren.

Die Frage nach dem Wert oder Unwert solcher Veränderungen muss man zunächst zurückstellen. Der Cartoon ist kein mündlich erzähltes Märchen mehr. Er zeigt das Märchen nicht mehr in einem primär-authentischen Naturzustand, sondern in einem „zweiten" oder „dritten Dasein". Der Zeichenwitz ist nur noch eine „Schwundstufe" des Märchens, wobei jede Rolle austauschbar ist. Die Einbildgeschichte bedeutet aber nicht nur die Zerstörung, Reduktion und Schrumpfung des Märchens. Im Cartoon werden zwar Märchen vermarktet und manipuliert. Sie werden ökonomischen wie politischen Interessen unterworfen oder dienen der blossen Unterhaltung und Erregung von Lachen. So wenden sich Cartoons mehr an ein intelektuelles und aufgeklärtes Publikum als das naive Kindermärchen. Im Cartoon haben Märchen ihre orale Unschuld verloren.

Aber Cartoons bilden einen wirkungsvollen, witzig-spritzigen Kontrapunkt zur Verkitschung und Sentimentalisierung des Märchens, wie man sie gleichfalls als Gegenwartsphänomen z. B. in Kinderfilmen, im Weihnachtsmärchen der Theater, in den Märchengärten oder in manchen süsslichen Buchillustrationen findet. Im Cartoon wird das Kindermärchen für die Erwachsenenwelt wieder aktuell gemacht. Cartoons sind Zeugnisse von Phantasie, Kreativität, Witz und Innovationsfreude. Sie bieten sogar Interpretationshilfe an für die vielen, die im Märchen mehr sehen wollen als die bloss faktische Story des erzählten Märchenablaufs. Cartoons wecken die Lust, einer altvertrauten Sache immer neue Reize abzugewinnen; und sie beweisen letztlich erneut doch auch die Dauerhaftigkeit und Wandlungsfähigkeit des Märchens.

Literatur:

Degener, Volker W.: Froschkönig soll leben! Eine Umweltgeschichte. Reinbek 1991

Grudde, Hertha: Plattdeutsche Volksmärchen aus Ostpreußen. Königsberg 1931 (Nr. 30 „De Kreet")

Gutter, Agnes: Es ist ein Band von meinem Herzen... Zur Bedeutung des Märchens „Der Froschkönig oder der eiserne Heinrich" für die Psychohygiene. Solothurn 1976

Hirschberg, Walter: Frosch und Kröte in Mythos und Brauch. Wien 1988

Horn, Katalin: Märchenmotive und gezeichneter Witz. Einige Möglichkeiten der Adaption. In: Österr. Zeitschrift f. Volkskunde 86 (1983), S. 209-237

Jander, Lothar: Was den Frosch zum Prinzen macht. Märchen und Mythen für Männer neu gedeutet. Freiburg 1994

Jellouschek, Hans: Die Froschprinzessin. Wie ein Mann zur Liebe findet. Zürich 1989

Kaschnitz, Marie Luise: Neue Gedichte. Hamburg 1957 (S. 55)

Neetix, Trautchen: Die Gruft des Märchenprinzen. Hamburg 1984

Piewitz, Arne: Ich war der Märchenprinz. Hamburg 1983

Röhrich, Lutz: Der Froschkönig und seine Wandlungen. In: Fabula 20 (1979), S. 170-192 (Festschrift Max Lüthi)

Röhrich, Lutz: Wage es, den Frosch zu küssen! Das Grimmsche Märchen Nummer Eins in seinen Wandlungen. Köln 1987, 2. Aufl. Bad Orb 1999

Röhrich, Lutz: Art. „Froschkönig" (AaTh 440). In: Enzyklopädie des Märchens Bd. 5 (1987), Sp. 410-424

Röhrich, Lutz: Die Sprache der Tiere verstehen. Neuzeitliche volkstümliche Tiererzählungen. In: B. Janowski und P. Riede: Die Zukunft der Tiere. Theologische, ethische und naturwissenschaftliche Perspektiven. Stuttgart 1999, S. 172-200

Die lebende Kantele

Eine Witwe hatte einen Sohn, der lebte bei seiner Mutter. Eines Tages sagte er zu ihr: „Jetzt geh' ich fort, um Geld zu verdienen." Da fragte ihn die Mutter: „Wohin willst du denn gehen? Kauf dir eine Flinte und einen Hund und geh in den Wald." Da kaufte er sich eine Flinte und einen Hund und ging in den Wald. Er wanderte einen Tag, wanderte im Wald umher, doch erlegte er nichts. Verdrießlich kam er nach Hause und sagte zu seiner Mutter: „Du hast gewollt, daß ich mir eine Flinte und einen Hund kaufe, aber ich habe nichts damit erlegt." Da sagte die Mutter: „Du mußt es erst lernen, erst mehrere Tage jagen." Am nächsten Tag ging er wieder in den Wald, und wieder schoß er nichts.

Jetzt hat er keine Lust mehr, in den Wald zu gehen, doch die Mutter drängte ihn dazu. Er ging also den dritten Tag in den Wald. Da bellte der Hund ein Eichhorn auf einer Kiefer an. Er wollte es schießen, zielte auf das Eichhorn, da ging der Feuerstein vom Flintenschloß ab. Er sprang nach Hause, setzte den Feuerstein ein und kam wieder zurück; da bellte der Hund immer noch das Eichhorn an. Er zielte nach dem Eichhorn im Baum. Da fing es an zu sprechen: „Schieß mich nicht", sagte es, „ich komme auf die Erde." Nun, da schoß er es nicht. Das Eichhorn ließ sich herunter, tiefer und tiefer die Kiefer herab und warf sich unter dem Baum auf den Boden. Da verwandelte es sich in ein Mädchen, in ein so schönes Mädchen, daß man den Blick nicht von ihm wenden konnte.

Das Mädchen sprach: „Weil du mich nicht geschossen hast, will ich jetzt deine Braut werden." Da antwortete er: „Ich nähme dich schon, und du könntest mir gefallen, aber ich wage es nicht. Was wird meine Mutter dazu sagen!" – „Nun" sagte sie, „laß uns zu deiner Mutter gehen, wenn sie es erlaubt, so nimm mich; wenn sie es nicht erlaubt, so gehe ich wieder in den Wald zurück."

Da gingen sie hin. Das Mädchen blieb auf dem Hof, und der Junge ging hinein und fragte seine Mutter: „Da ist so ein schönes und gutes Mädchen, das möchte ich zur Frau nehmen, wenn du es erlaubst." Die Mutter gab ihm die Erlaubnis, und er nahm das Mädchen zur Braut. Sie war so schön, und er lebte mit ihr zusammen.

Für den Kaisersohn suchten sie schon drei Jahre lang eine Braut, aber sie konnten keine finden, die ihm gefiel. Als er die Braut des Jungen sah, hätte er sie gern selbst genommen. Doch er dachte: „Einem lebenden Manne kann ich sie nicht nehmen." Er gab dem Jungen den Auftrag: „Du sollst mir über die Stromschnelle eine goldene Brücke bauen mit silbernem Geländer."

Der Junge kam betrübt zu seiner Frau. Sie fragte ihn: „Warum bist du denn so traurig?" – „Ich soll dem Kaisersohn über Nacht eine goldene Brücke bauen mit silbernem Geländer." – „Leg dich schlafen", sagte seine Frau, „heute nacht wollen wir überlegen, was er wünscht." Da überlegte sie, gab ihrem Liebsten ein seidenes Tuch und sprach: „Geh jetzt und schlag mit diesem Tuch gegen das Wasser in der Stromschnelle. Dabei sprich: 'Über Nacht soll hier eine goldene Brücke erstehn mit silber-

nem Geländer.'" Nun, da schlug er mit dem Tuch gegen das Wasser und legte sich nieder. Er schlief die Nacht hindurch, und am andern Morgen war die Brücke fertig. Da kam der Kaisersohn und guckte: „Oh, die ist ja viel schöner, als ich sie gewollt habe."

Darauf gab er ihm eine zweite Aufgabe. Er sagte zu ihm: „Hier im Garten sind drei goldene Ferkel vergraben, die müssen heute nacht gefunden werden. Wenn du sie nicht findest, so schlag' ich dir den Kopf ab." Der Kaisersohn aber wußte selbst nicht, ob überhaupt Ferkel da waren.

Wieder ging er trüben Sinnes zu seiner Frau, und sie fragte: „Warum bist du so traurig?" – „Über Nacht soll ich drei im Garten vergrabene goldene Ferkel herbeischaffen." Da sagte sie wieder: „Leg dich schlafen, heute nacht wollen wir überlegen, auf welche Weise wir sie bekommen." Sie schliefen die Nacht hindurch, am anderen Morgen sagte sie: „Geh jetzt zum Kaisersohn, nimm dir den größten General mit und eine Schippe. Mitten im Garten steht eine Eiche, grabe darunter eine drei Klafter tiefe Grube, da findest du die drei Ferkel nebeneinander." Er hob sie heraus: Da sind sie!"

Den Kaisersohn aber reizte dies erst recht, ihm eine dritte Aufgabe zu stellen. Er sprach: „Jetzt sollst du mir eine lebende Kantele schaffen, eine solche, die von selbst spielt. Wenn du so eine lebende Kantele nicht bekommst, schlage ich dir den Kopf ab." Wieder kam er trübsinnig zu seiner Frau, und sie fragte: „Warum bist du denn so traurig?" – „Eine Kantele soll ich schaffen, eine lebende Kantele, die von selbst spielt." Darauf antwortete seine Frau: „Geh jetzt zurück zum Kaiser und nimm dir die drei größten Generäle mit, verlange sie vom Kaiser. Dann kommst du zu mir, daß ich euch dahin schicke, wo ihr die lebende Kantele bekommt", sagte die Frau.

Nun, er kam mit den Generälen zu seiner Frau zurück, und sie gab ihrem Liebsten wieder ein seidenes Tuch und dazu ein blaues Knäuel Garn. Dann trug sie ihm auf, vom Kaiser drei Monate und einen Tag Zeit zu verlangen, um die Kantele zu holen. Der Kaiser gab ihnen diese Frist.

Da sagte seine Frau: „Wohin ich jetzt dies Knäuel werfe, dahin geht, dann werdet ihr die von selbst spielende Kantele finden. Zeig an zwei Stellen dieses Tuch vor, aber an dritter Stelle zeig es nicht eher, bis daß du in die ärgste Not kommst."

Dann gingen sie fort, das blaue Knäuel rollte und rollte voraus, und die drei Generäle und der Sohn der Witwe folgten ihm. Sie wanderten und kamen an eine Erdhütte. Sie gingen hinein. Da war nur eine alte Frau, die wiegte sich hin und wiegte sich her. Sie sagte: „Oho, seit dreißig Jahren habe ich keinen Menschen gerochen, und jetzt kommt mir ein Braten zum Abendessen." Da sprach er: „Was? du bist meine Tante und willst uns zu Abend essen?" Dann holte er sein seidenes Tuch aus der Tasche und wischte sich das Gesicht damit ab. Sie guckte: „Ah, das ist ja der Schwiegersohn, der Mann meiner Nichte." Da bekam er zu essen und zu trinken. Sie wußte gar nicht, was sie ihm zugute tun sollte. Die Nacht blieben sie dort. In der Morgenstunde brachen sie auf, und das Knäuel lief vor ihnen her.

Wieder kamen sie an eine Erdhütte. Das blaue Knäuel lief in die Hütte hinein. Da saß eine alte Frau, die wiegte sich hin, wiegte sich her und sah aus wie die erste, nur noch älter. „Oho", sagte sie, „sechzig Jahre hab' ich keinen Menschen gerochen, und jetzt kommt mir ein Braten zum Abendessen!" – „Was? willst du mich Wandersmann auffressen, wo du meine Tante bist?" Er nahm wieder das Tuch und wischte sich über das Gesicht. Sie guckte: „Ah", sprach sie, „das ist ja der Schwiegersohn, der Mann meiner Nichte, der will mich besuchen." Er wurde bewirtet und blieb die Nacht da. Sie bekamen reichlich zu essen und zu trinken. Als der Tag graute, rollte das blaue Knäuel wieder vor ihnen her. Es lief und lief. Dann kamen sie an eine dritte Hütte von gleichem Aussehen. Sie gingen hinein. Da saß eine noch ältere Frau, wiegte sich hin und wiegte sich her. Sie sprach: „Oho, neunzig Jahre habe ich keinen Menschen gerochen und nun bekomme ich ein Abendessen." Der Junge aber sagte: „Warum willst du uns Wanderer denn aufessen? Das Fleisch eines Wanderers ist wie Knorpel, und die Suppe davon schmeckt wie Waschwasser." – Da aßen und tranken sie aus dem eigenen Ranzen, und der Sohn der Witwe sprach: „Wir suchen eine lebendige Kantele, wer kann die uns wohl machen?" Die Alte antwortete: „Hoh, meine Jungen können es, aber die sind im Wald, sie kommen erst in der Abenddämmerung nach Hause." – „Wenn sie nur kommen, so wollen wir warten."

Sie warteten den ganzen Abend, bis es dunkel wurde. Da kamen drei Wölfe in die Hütte gesprungen, liefen über den Sparren, sprangen vom Topfbrett herunter und verwandelten sich in drei schöne junge Männer. Sie fingen an, die lebende Kantele zu bauen und stellten einen General an, ihnen den Kienspan zu halten. „Wenn du einschläfst", sagten sie zu ihm, „so wird sie nicht gut." Sie arbeiteten an der Kantele, der General hielt den Span, schlief ein und schnarchte. Als er schlief, verwandelten sie sich in Wölfe, zerrissen ihn und fraßen ihn auf, dann liefen sie noch schlingend in den Wald hinein.

Die Alte sagte: „Jetzt kommen sie vor Abend nicht wieder nach Hause!" Da hatten sie aber erst versucht, die Kantele zu bauen. Der Junge wartete bis zum Abend. Als es dämmrig wurde kamen wieder drei Wölfe in die Hütte, sprangen vom Topfbrett herab und wurden zu Männern. Wieder begannen sie, an der Kantele zu arbeiten, und gaben dem zweiten General den Span zu halten. „Wenn du schläfst, so wird sie nichts, das siehst du an der andern." Er hielt den Kienspan, hielt ihn, schlief ein und schnarchte. Die jungen Männer verwandelten sich wieder in Wölfe, packten den General, fraßen ihn auf und liefen lärmend in den Wald. „Sie kommen nicht vor Abend nach Hause", sagte die Alte wieder. – „Nun, wenn sie nur kommen, die Kantele muß fertig werden."

Sie gingen den dritten Tag im Walde spazieren, und wieder wurde es Abend. Abermals kamen die drei Wölfe in die Hütte, sprangen vom Topfbrett herab und verwandelten sich in Menschen. Da mußte der letzte General den Span halten, und sie sagten zu ihm: „Du darfst nicht schlafen, wenn du schläfst, so wird sie nichts Rechtes." Er hielt den Span, hielt ihn und wurde ein bißchen schläfrig. Er behielt alles im Auge, damit er nicht einschlafe, aber dann schnarchte er schon im Schlaf. Darauf verwandelten sich die Männer in Wölfe, packten den letzten General und fraßen ihn auf. Da blieb der Junge allein mit der Alten. „Sie kommen vor Abend nicht wieder zurück." – „Nun, wenn sie nur kommen, die Kantele muß fertig werden."

Als es dämmrig wurde, kamen die Wölfe, sprangen vom Topfbrett herab und wurden zu Männern. Sie arbeiteten an der lebenden Kantele, und der Sohn der Witwe hielt selbst den Span. Er hielt ihn, hielt ihn, wurde müde, die Jungen stießen ihn in die Seite: „Was, schläfst du?“ – „Nein, ich schlafe nicht, ich denke nur darüber nach, ob es mehr trocknes oder frisches Holz im Walde gibt.“ Da verwandelten sie sich in Wölfe: „Warte, wir werden zählen, von welcher Art es mehr im Walde gibt, trockenes oder frisches Holz.“ Und sie zählten den ganzen Tag bis zum Abend, dann kamen sie zurück. Wieder sprangen drei Wölfe über den Sparren vom Topfbrett herab und wurden zu Männern. Sie arbeiteten an der Kantele, und er hielt den Span. Er hielt ihn, hielt ihn und wurde schläfrig. Da nahm er das seidene Tuch und wischte sich mit dem seidenen Tuch über die Augen. Das alte Weib sah es: „Ah!“ sagte sie, „das ist ja der Mann meiner Tochter, der Schwiegersohn! Warum hast du das nicht eher gesagt? Die Kantele wäre längst fertig.“ Da bewirtete sie ihn. Während sie das Essen bereitete, machten die Jungen die Kantele fertig.

Dann sagte die Mutter zu den Jungen: „Jetzt verwandelt euch in Wölfe, nehmt ihn auf den Rücken und bringt ihn so schnell als möglich fort, sonst entführt ihm der Kaiser die Braut.“ Da nahmen sie ihn auf den Rücken, und er ritt auf ihrem Rücken in entsetzlicher Geschwindigkeit. Schon hatte der Kaisersohn seine Braut mit nach Hause genommen, und sie feierten Hochzeit. Da warf er die lebende Kantele vor ihn hin: „Hier ist die Kantele, was nimmst du mir vor der Zeit die Braut weg!“ Und er entriß dem Kaisersohn seine Braut und brachte sie zu seiner Mutter, und sie leben bis auf den heutigen Tag zusammen.

Abb. 1 Herrin der Tiere
Bemalte Terrakotta-Amphore, Böotien, 7. Jahrh. v. Chr.

LINDE KNOCH

„Der Berg der Tiere und das dämmrige Tal der Menschen.“

„Zwei Berge gibt es, auf denen es hell ist und klar, den Berg der Tiere und den Berg der Götter. Dazwischen aber liegt das dämmrige Tal der Menschen. Wenn einer einmal nach oben sieht, erfaßt ihn ahnend eine unstillbare Sehnsucht“ – Worte des Malers Paul Klee. Sie widersprechen dem, was wir gemeinhin denken: Der Mensch als Krone der Schöpfung über dem Tier stehend. Paul Klee setzt die Tiere den Göttern gleich, der Mensch schaut sehnsuchtsvoll aus „dämmrigem Tal“ zu ihnen auf. Was bedeutet das?

Vom Tierbräutigam im Märchen heißt es oft, er sei von einer Hexe verwünscht worden, ist also erlösungsbedürftig. Oder er ist durch den übersteigerten Wunsch seiner Eltern nach einem Kind, „und wär's auch ein Igel“, in eine tierische Gestalt verwünscht. Wir begreifen diesen Zustand als einen erbarmungswürdigen und freuen uns mit dem Helden, wenn er durch das Versprechen einer Braut und die endliche Einwilligung zur Heirat zu seiner menschlichen Gestalt erlöst wird.

Aber mit Paul Klee dürfen wir vermuten, daß das Tier eine dem Menschen überlegene, eine göttliche Gestalt hat. Dem stimmt Rudolf Geiger zu, wenn er sagt, „Jedes Tier hat seine eigene Welt, seine eigene Begrenzung und auch seine eigene Vollkommenheit; denn gerade die speziellen Fähigkeiten oder Eigenarten eines Tieres befähigen es ja, das für sein Leben Notwendige auf das Trefflichste, Vollkommenste zu tun. Der Mensch hingegen ist auf seine Weise immer ein Lernender, ein Unvollkommener. Er hat zwar zu allem die Möglichkeit, muß aber seine Anlagen erst ausbilden.“ [1] Ist es nicht so, daß in den uns bekannten Tierbraut- oder Tierbräutigammärchen wie zum Beispiel „Der Froschkönig“ oder „Hans mein Igel“ der Tiergestaltige sich seiner Sache ganz sicher scheint, während die Erlöserinnen durch anfängliche Abweisung, durch das Überwinden von Ekel erst lernen müssen, sich dem Andersartigen hinzugeben?

Mit dem finnischen Märchen *Die lebende Kantele* möchte ich zu zeigen versuchen, was mit den Worten von Paul Klee gemeint sein könnte. Es gibt eine Tierbraut in dem Märchen, aber sie wird nicht nach dem uns vertrauten Erlösungsschema von ihrer Tierhaut befreit. Und eine noch viel größere Rolle spielen die Tiere, denen der Bräutigam während einer Wanderung in die andere Welt begegnet. Es wird auch deutlich, daß er diesen Weg weniger um der Braut willen tut oder tun muß, als um zu seiner eigenen Entwicklung, zu seiner Erlösung zu kommen.

Dieses Märchen gibt uns viel zu denken. Zum Beispiel wäre es interessant, die Verwandschaft zum finnischen Nationalepos *Kalevala* herauszustellen, die drei alten Frauen als Schicksalsfrauen zu betrachten, die nordische Mythologie darin wiederzufinden. Wir beschränken uns hier aber auf den Aspekt der Tiere und ihre Funktion im Märchen.

Das Eichhörnchen

Der Bursche ist anfangs ein rechter Trottel, ein Muttersöhnchen, das gehorsam ist und sich überreden lässt. Allerdings – und darin gleicht er den Dummlingen in ihrer Sensibilität – hört er die Stimme des Tieres, das ihn von oben anspricht: „Schieß nicht, ich komme auf die Erde“, und er gehorcht auch hier. Das Eichhörnchen verspricht nicht, es werde sich verwandeln; es sagt nur „ich komme auf die Erde“, wie eine Verkörperung aus einer höheren Sphäre. Es bittet auch nicht, der Bursche möge es zur Braut nehmen, sondern belohnt den zögerlichen Burschen: „Weil du mich nicht geschossen hast, will ich jetzt deine Braut werden.“ Sie hat die Fäden in der Hand, und zwar im wahrsten Sinne des Wortes, als sie dem Burschen später das sich von selbst abwickelnde Knäuel blaues Garn gibt. Sie hat auch ein Gewebe, das aus einem Produkt von Tieren hergestellt ist, das seidene Tuch. Wo gesponnen und gewebt wird, sind die Schicksalsfrauen im Spiel, und es zeigt sich denn auch, daß das Eichhornmädchen mit ihnen verwandt ist.

Zunächst ist sie als Eichhörnchen ein reales Tier, das mit einer enormen Sprungkraft begabt ist, die fast wie das Fliegen anmutet. In der germanischen Mythologie war das Eichhörnchen dem Feuer- und Donnergott heilig und lebte in der Weltesche Yggdrasil. Wegen seiner roten Farbe wird es der Sonne zugeordnet. Für das Symboldenken des christlichen Mittelalters wurde es wegen seiner blitzschnellen Gewandtheit und wegen seiner feuerroten Farbe zum Symbol des Teufels.[2] In der barocken Emblemliteratur sprach man dem Eichhörnchen das Vermögen zu, auszuharren und das Glück zu seiner Zeit zu erwarten. „Während ein gewaltiges Gewitter auf Stadt und Land niedergeht, versucht ein Eichhörnchen sich, so gut es eben geht, zu schützen, indem es seinen buschigen Schwanz als Regendach über sich hält. Wie das Eichhörnchen unbeirrt bleibt, wissend, daß auch das stärkste Unwetter, dem es nur unvollkommen geschützt ausgesetzt ist, doch einmal vorübergeht, so soll auch der Mensch widriges Schicksal und Unglücksfälle mit ungebrochenem Sinn überstehen und geduldig Zuversicht bewahren.“[3]

Geduld und Zuversicht bringt das Eichhörnchen-Mädchen wirklich auf, und es ist schön, „ein so schönes Mädchen, daß man den Blick nicht von ihm wenden konnte,“ so schön, daß der Kaisersohn es „gern selbst genommen“ hätte. „Die Menschenhelden, die aus der Tierhaut schlüpfen, sind jünger und schöner als je zuvor. Die Tiere, die zu Menschen erlöst werden, sind Königssöhne höherer Ordnung. Wessen Geistes Kinder sind sie?“ so fragt Arnica Esterl.[4] Sind sie, die aus der Tiefe des Brunnens kommen oder von der Höhe des Baumes, der Himmel und Erde verbindet, nicht wirklich etwas Vollkommenes? Sie vermögen „die goldene Kugel“ wiederzuholen (*Der Froschkönig*, KHM Nr. 1), können „die Laute auf's lieblichste schlagen“ (*Das Eselein*, KHM Nr. 144), können silberne Brücken mit goldenem Geländer in die Jenseitswelt bauen, die vitalen Kräfte des Zentrums unter dem Baum finden und heben, wissen wo und wie die von selbst spielende Kantele zu finden und zu gewinnen ist (*Die lebende Kantele*) und sind damit „Heilbringer“ im Märchen. „Heilbringer ist derjenige, der das Ende des Alten bezeugt und sichtbar macht und das Neue, das im Kommen ist, ankündigt und die neu zu begehenden Wege aufzeigt."[5]

Das vollkommene Tier

Ja, das Eichhörnchen zeigt Mittel und Wege zum Heilwerden für den Jüngling, sie *handelt* nicht, sie *ist*, wie es in der Zeit des Königstums von Gottes Gnaden vom König erwartet wurde: Nicht agieren, sondern *sein* war seine Aufgabe. Nicht sie, die Schöne, ist die erlösungsbedürftige Tierbraut, sondern sie ist als Tier schon menschlich. Sie ist die Vollkommene vom „Berg der Tiere". Es kehrt sich geradezu um: Was wir gemeinhin den tierischen, den niederen Aspekt des Menschen nennen, wird hier und in anderen Märchen wie den Schwanenmädchen-Märchen genau gegensätzlich erzählt, denn das Tier ist das Wissende, das aus der göttlichen Sphäre kommt. Dann müßten wir fragen, ob der Mensch ohne die Tiere gar nicht zu seiner Verwirklichung kommen kann.

Der Bursche in der „lebenden Kantele" braucht das Eichhornmädchen dringend. Sie ist es, die ihn ermuntert zur Mutter zu gehen, um sie als Braut zu erbitten. Es scheint, daß sie die Reaktion der Mutter schon im voraus kennt. Die Mutter wirkt froh, daß der Sohn endlich einen selbständigen Schritt tut. Auch sie scheint gewußt zu haben, daß sich ihr Söhnchen erst einmal auf das Wesen der Tiere einlassen muß, bevor er in die Welt ziehen kann. „Kauf dir einen Hund und geh in den Wald," sagt sie zu ihm. Anders gesagt: Benutze deinen Instinkt und Spürsinn. Es heisst, der Mensch solle sich die Tiere untertan machen, und daraus wird oft eine Überlegenheit gegenüber dem Tier abgeleitet. Gehen wir aber von der Vollkommenheit eines Tieres aus, gewinnt dieser Satz eine andere, viel weitere und tiefere Bedeutung. Der Mensch muß sich die Vollkommenheit des Tieres erwerben, um ganz Mensch zu werden. Auf den Burschen des Märchens bezogen heißt das: Zuerst den Spürsinn und die Ausdauer des Hundes auf der Erde erwerben, sich dann die Fähigkeiten des Wesens aus der Höhe aneignen oder wenigstens in Beziehung mit ihm treten, sich von ihm leiten lassen, um später „dem Wolf" begegnen zu können.

Der zur Vollkommenheit strebende Mensch

Damit beginnt scheinbar etwas ganz Neues. Der Bursche muß Aufgaben lösen, um sein Leben zu gewinnen und die Braut behalten zu dürfen. Ist ihm das klar? Wir wissen, daß das eine mit dem anderen zusammenhängt. Das Eichhörnchen-Mädchen hat sich ihm geschenkt, aber dadurch *hat* er sie noch nicht, er muß sie nachträglich gewinnen, vom Berg der Tiere holen, könnte man sagen. Und damit zugleich sich selbst gewinnen, denn auch er *hat sich noch nicht*, wie an seiner ängstlichen Reaktion auf des Kaisers Befehl zu erkennen ist. Er muß eine Initiation durchmachen. Die Sicherheit, daß er es schaffen wird, gibt ihm seine Braut. Aber was ihm begegnen wird, sagt sie ihm nicht. Mit den Generälen, dem Befehl- und Gehorsam-Prinzip, ist er ausgerüstet; das Knäuel weist wie ein Ariadne-Faden den Weg; das seidene Tuch schützt als Erkennungszeichen vor den verschlingenden Gefahren auf dem Weg in die andere Welt. Wenn wir die Bedeutung der Initiation bedenken, können wir diese Welt als die der Toten ansehen, in der die Jünglinge einen rituellen Tod sterben mußten, um zu neuem Leben geführt zu werden. Sie mußten die Ängste im Wald aushalten, Proben bestehen, Schmerzen aushalten, auf Schlaf und Essen verzichten. All dies finden wir im Märchen von der lebenden Kantele. „Der Wald ist auch der Bereich der Tiere. Weil nun aber – nach den Vorstellungen vieler archaischer Religionen – die Menschen nach ihrem Tod in Tiere verwandelt werden, kann man im Wald den verwandelten Toten begegnen ... Nur wer es gewagt hat, den vertrauten Lebensbereich zu verlassen und ins unheimliche Land der Toten einzudringen, kann wahrhaft auch das Leben bestehen und seinen Aufgaben gerecht werden.“[6]

Die Wölfe

Im Wald begegnen dem Burschen die Wölfe. Wölfe sind scheu, leben in Rudeln, sind Nachttiere, haben eine enorme Ausdauer im Laufen. Gerade als Nachttiere sind sie symbolisch der Sonne zugeordnet (s. Abb. aus Erich Neumann, Die Große Mutter, Walter-Verlag, Olten und Freiburg i. Br. 1989), sie bringen das Licht wieder. „Zwei Wölfe, Geri und Freki, waren dem Odin heilig, sie waren gleichsam des Gottes Hunde. Ein Sohn des Loki, Fenris, tritt in Wolfsgestalt unter den Göttern auf“ schreibt Jacob Grimm in der Deutschen Mythologie von 1835. Also wieder – die Tiere den Göttern verwandt und nah. Wenn wir uns bei den nordischen Mythen weiter kundig machen, heißt es, die Mutter des Fenriswolfes sei die Riesin Angoboda, die sich als wahrlich unheilvoll erwies, da sie außer dem Fenriswolf die Midgardschlange Jörmundgand und Hel, die Herrscherin über das Totenreich gebar.[7] Dem Burschen gerät die Begegnung mit den Wölfen aber zum Heil. Sie fressen seine Befehls- und Gehorsamsanteile und geben ihm selbst das Licht in die Hand. Ausdauer und Hartnäkkigkeit hat er sich inzwischen erworben: „Nun, wenn sie nur kommen, so will ich warten!“ Auch Furcht, daß er beim Bau der Kantele einschlafen und von den Wölfen gefressen werden könne, scheint er nicht zu haben. Und die Tiere meinen es gut mit ihm: „Was, schläfst du?“ mahnen sie. Daraufhin geschieht etwas Seltsames. Der Bursche antwortet: „Ich denke nur darüber nach, ob es mehr trocknes oder frisches Holz im Walde gibt.“ Und damit treibt er die Wölfe zum Zählen in den Wald, muß erneut warten und ein zweites Mal das Licht halten. Was immer auch damit gemeint sein mag – er sinnt über den Zusammenhang des Gegensätzlichen nach: Gibt es vielleicht mehr Vergangenheit in Form von trockenem Holz, oder mehr Zukunft, also frisches Holz? Die Tiere wissen es nicht, sie müssen über menschliche Sinnfragen nicht nachdenken, aber sie wollen ihm helfen. Ob dem Burschen dann das Licht der Erkenntnis aufgeht oder was immer – plötzlich weiß er, daß der rechte Augenblick für den Gebrauch des Seidentuches gekommen ist. Die Wölfe arbeiten an der selbstspielenden Kantele, ein schönes Bild für das aus dem Jenseits zu erwerbende Lebenselixier. Die Tiere verstehen es herzustellen und können es dem sich selbst überwindenden Menschen schenken. Angst, Abscheu und Verachtung vor dem fressenden Tier müssen überwunden werden und in Barmherzigkeit, Mitleid, Verehrung und Liebe verwandelt werden.[8]

In einem nordrussischen Märchen ruft die Herrin des Waldes ihre Tiere so zusammen: „Wo seid ihr, graue Wölfe, lauft alle und trollt euch an einem Ort zusammen und in einem Kreis, wählt unter euch aus, wer der größte, wer der stärkste ist, Iwan Zarensohn zu verfolgen." Auf ihm soll er nach Hause geritten kommen, so der Befehl des Zaren, der Iwan zerstören will. Aber der Wolf trägt ihn wohlbehalten heim. Vladimir Propp beschreibt auch die Hilfe der Wölfe aus einem amerikanischen Mythos: Die Eltern führen „die Kinder in den Wald und verlassen sie. Sie binden sie an einen Baum an. Es erscheinen der Wolf (es wird betont, daß er alt ist) und der Kojote. Der alte Wolf ruft: 'Kommt alle her aus allen Richtungen!' Die Wölfe und die Kojoten kamen von allen Teilen der Erde. Der Wolf befiehlt, die Kinder loszubinden ... Die Schwester erhält von den Wölfen die Gabe der Erfüllung von Wünschen. Sie gibt dem Bruder Helfer – einen Panther und einen Bären."[9] An anderer Stelle heisst es, dass der Held zu den Wölfen gerät. „Alle Wölfe, Waschbären und Otter werden zusammengerufen, und dem Fremdling wird jede nur mögliche Ehre erwiesen. Die Wölfe schleppten nun einen Toten herein. Sie hüllten die Leiche in ein Wolfsfell, legten sie beim Feuer nieder und fingen an zu singen. Dazu schlugen sie auf ihren Flanken und Schenkeln den Takt. Da stand der Tote auf und ging schwankend umher. Je länger sie aber sangen, um so sicherer ging er und lief endlich geradeso wie ein Wolf ... Da sprach der Häuptling: 'Nun siehst du, was aus den Toten wird. Wir machen sie zu Wölfen'. Diese Wölfe lehren ihn die Wolfstänze. 'Wenn du nach Hause kommst, lehre die Menschen den Tanz'. Sie schenken ihm einen Zauberpfeil, mit dem man nur zu zielen braucht, um das Wild ohne einen Schuß zu erlegen."[10]

Das Tier, hilfreich *und* erlösungsbedürftig

Aus psychologischer Sichtweise kann man dazu sagen, das Nachtwesen Wolf gehört zum Menschen. Das Schattenwesen ist zu integrieren, damit der Mensch mit verstärkten Fähigkeiten ins Leben zurückkehrt. Der Mensch kann ohne *das Tier* nicht sein, nicht Mensch werden. Aber er trägt dennoch die Verantwortung dafür, daß die schweren Aufgaben gelöst werden.[11] Am Ende hat der Bursche zu sich selbst gefunden, er ist nun würdig, geliebt zu werden, das heißt, er hat sich und seine Braut erlöst. Die Tiere und tiergestaltigen Menschen sind Aspekte der menschlichen Psyche selbst. „Das Tier lebt nicht außerhalb des Menschen, es ist ein Teil von ihm selbst"[12] (s. Abb. aus C. G. Jung, Traum und Traumdeutung, dtv, München 1990). „Nach Lutz Röhrich in *Märchen und Wirklichkeit* enthalten die Motive von den hilfreichen Tieren Erinnerungen an eine für uns Europäer weit, weit zurückliegende Epoche der Menschheitsgeschichte, an eine Zeit, in der es den heutigen Niveauunterschied zwischen Tier und Mensch noch nicht gab, sondern Menschen und Tiere gleichsam in einem Kosmos, auf einer Ebene, lebten. Röhrich hält das uns vertraute Motiv, daß die Tiere dem Helden aus Dankbarkeit helfen, für eine spätere Psychologisierung. Ursprünglich, so meint er, helfen die Tiere von sich aus (Anm. d. V.: wie in *die lebende Kantele*), spontan, denn sie besitzen die Zaubermittel, sie haben das höhere Wissen, die Weisheit, und es bleibt dem Menschen unerforschlich, warum sie ihm beistehen.“ [13] Hildegunde Wöller, die dies in ihrem Vortrag über die hilfreichen Tiere zitiert, entwickelt als Theologin dann eine eigene Vorstellung davon, wer die Tiere eigentlich seien. Aus dem Vorangegangenen ist ersichtlich geworden, daß ich zwischen dem *hilfreichen Tier* und dem zu *erlösenden Tierbräutigam* nicht streng unterscheide, denn auch er oder die Tierbraut ist hilfreich für die Entwicklung des Helden, der Heldin. Was uns in den Märchen erhalten ist, ist ein Echo auf eine längst vergangene Epoche. Leib- und Seelenverwandschaft zwischen Mensch und Tier gibt es nicht mehr. Aber die Tiefenpsychologie zeigt einen Weg, das Wirken der Tiere für den Menschen zugänglich zu machen. Die Tiere sind nicht nur in ihrem tierischen Aspekt zu sehen. Hildegunde Wöller schreibt ihnen Geistcharakter zu und hält sie für Bilder der Engel. „Ebenso wie in der Religionsgeschichte die Gottheiten in früher Zeit in Gestalt von Tieren verehrt wurden, so auch die Geister und Dämonen, die Genien und die Kräfte, die wir Engel nennen. Im Lauf derselben Entwicklung, den Röhrich aufweist, der Differenzierung des Menschen vom Tier, nehmen auch die Gottesbilder und Geistgestalten, die als Tiere angesehen wurden, zunehmend Menschengestalt an.“ Aber sind uns Engel heute nicht noch weiter entrückt als die Tiere im Märchen? Die Schilderung eines niederländischen Arztes von einem ihm hoffnungslos dünkenden Fall scheint Hildegunde Wöller die Existenz von Engeln im Zusammenhang mit Tieren wiederum zu beweisen: Ein kleines Mädchen wurde von überwältigenden Angstzuständen geplagt. Als der Arzt das Kind schliesslich in eine Klinik überweisen wollte, träumte er von einem Kaninchen, faßte dies als Hinweis eines Engels auf und schenkte dem Mädchen ein Kaninchen. In der Begegnung mit dem ängstlichen Tier wuchsen dem Kind neue Kräfte zu, alle Angst fiel von ihm ab, es war fähig, für das scheinbar noch verletzlichere und ängstlichere Tier zu sorgen.

Ob wir von den Bergen der Tiere, von Engeln oder von Weisheit sprechen – es sind im Grunde immer nur Versuche, mit menschlicher Sprache Bilder oder Worte zu finden für das Unsagbare. Etwas faßbarer und sehr humorvoll hat Friedrich Rückert gedichtet:

> Aus jedem Tiere guckt ein Stückchen Mensch hervor,
> Und jeden Menschen zupft die Tierheit noch am Ohr.

Diesem Tier ist der Bursche in unserem Märchen in vielerlei Gestalt begegnet: Zuerst im Spürsinn des Hundes, dann in der geheimnisvollen Schönheit der Tierbraut, und wir wissen ja, daß äußere Schönheit im Märchen für innere Werte steht. Danach hebt er die vitalen zeugungsfreudigen Kräfte als Ferkel unter dem zentralen Baum des Gartens, und zuletzt muß der Bräutigam die Wolfskraft *reiten, d.h. be-sitzen,* um dem Kaisersohn begegnen zu können.

Manuel Silva Acevedo verdichtet es:

In meinen Eingeweiden
kämpft ein Wolf ums Geborenwerden
mein Schafsherz, träges Geschöpf
verblutet an ihm.[14]

Anmerkungen

1 Europäische Märchengesellschaft, Bd. 15, Tiere und Tiergestaltige im Märchen, S. 95f.

2 Herder Lexikon, Symbole. Freiburg, Basel, Wien 1978

3 Rollenhagen, Gabriel: Sinn – Bilder, hrsg. von Carsten-Peter Warncke, Bibliophiles Taschenbuch Nr. 378. Dortmund 1983

4 Europäische Märchengesellschaft, Bd. 15, Tiere und Tiergestaltige im Märchen, S. 10

5 Betz, Felicitas: Heilbringer im Märchen. Kösel 1989

6 Betz, Otto: Lebensweg und Todesreise. Herder, Freiburg 1989

7 Nordische Mythen, hrsg. von R. I. Page. Reclam, Stuttgart 1993

8 Lüthi, Max: Europäische Volksmärchen. Manesse, Zürich 1951

9 Propp, Vladimir: Die historischen Wurzeln des Zaubermärchens, S. 90

10 s. Propp, S. 91

11 Esterl, Arnica, Europäische Märchengesellschaft, Bd. 15

12 Ackermann, Erich: (Un)-Tiere und Tiergestaltige in Mythos und Märchen der Antike, Europäische Märchengesellschaft, Bd. 15, S. 48f.

13 Wöller, Hildegunde: Europäische Märchengesellschaft, Bd. 15, S. 146

14 Acevedo, Manuel Silva: Wölfe und Schafe. Gedichte. Augsburg: Verlag Christian Rohr, 1989

KATHRIN PÖGE-ALDER

Die Tierbraut im Märchen
Die Persönlichkeitsentwicklung nach der Hochzeit

Tierbrautmärchen sind in ihrer stofflichen Substanz der Gegenstand dieses Vortrags. Die Tierbraut ist eine junge Frau. Sie kann von ihrer Natur her ein Tier sein, wie die Kröte oder Froschfrau, die dem Dummling einen wunderbaren Teppich und den schönsten Ring gibt und letztlich zur schönsten Frau wird (KHM 63 „Die drei Federn“) oder die Katze, die dem armen Müllerburschen nach dessen Dienst ein wunderschönes Pferd gibt, selbst aber eine Königstochter unbekannter Herkunft ist (KHM 106 „Der arme Müllerbursch und das Kätzchen“ AaTh 402).

Die junge Frau kann auch verwandelt oder verwünscht worden sein: etwa in eine Rabe durch ihre Mutter (KHM 93) oder in einen Schwan durch die Hexe in „Der Trommler“ (KHM 193) oder in eine Schlange in „Der König vom goldenen Berge“ (KHM 92).

Tierbrautmärchen sind weltweit verbreitet. Da es zahlreiche frühe Quellen aus Indien gibt, glaubten viele Forscher, hier das Ursprungsland dieser Märchen zu finden. Ähnliche Stoffe wurden aber an sehr weit entfernten Orten der Erde unabhängig voneinander gefunden. Daher liegt eine polygenetische Entstehung nahe. Märchen von Tierbräuten wurden von einer Gemeinschaft zur anderen weitererzählt (Wanderungsbewegungen). Die wichtigen Inhalte dieser Tierbrautmärchen machen sie in den unterschiedlichen Erzählgemeinschaften immer wieder zu einem begehrten Erzählstoff.[1]

Die künstlerisch gestalteten Zaubermärchen von der Tierbraut schildern die Entwicklung von Partnern, die auf sehr unterschiedlichem Niveau stehen: in sozialer und entwicklungspsychologischer Hinsicht. In den Märchen verfolgen wir ihren Weg als Entwicklung vom gegenseitigen Kennenlernen bis zur Partnerschaft für ein Leben. Dabei gibt es im allgemeinen neben den Tierbrautmärchen der sogenannten schriftlosen Kulturen zwei Gruppen: Während in der einen die Entwicklung nach der Hochzeit stattfindet, geht sie in der anderen voran. In diesem Artikel wählte ich aus Platzgründen nur die erste Gruppe zum Gegenstand der Darstellung: Tierbrautmärchen mit der entscheidenden Entwicklung der Persönlichkeit *nach* der Hochzeit.

Der Held trifft die Tierbraut

In der Hauptversion (AaTh 400) wird erzählt, wie ein junger Mann auf seinem Weg im Wald an einem See badende Mädchen beobachtet. Am Ufer liegen ihre Kleider: Schwanenkleider, bei anderen Völkern Robbenkleider, Kleider von Geierfrauen, auch von Enten, Tauben, Gänsen. Nach früherer Vorstellung konnte ein Tier seine

Haut willkürlich ablegen und überstreifen. Damit war nach Lutz Röhrich keine eigentliche Verwandlung verbunden, wie in den späteren Märchen.

Der Mann stiehlt eines der Kleider. Auf diese Weise hindert er ein Mädchen, mit ihren Schwestern nach Hause zurückzukehren. Er zwingt sie zur Ehe.

Als der Mann im Besitz ihrer Tierhülle ist, bringt er die Frau in seine Gewalt. Diese Tierhaut bot ihr Schutz und ist Teil ihrer Identität. Ohne diese Haut muß sie dem Mann gefügig sein. In der Mythologie ist das Tierkleid auch ein Zeichen ihrer übernatürlichen Herkunft.

Stehlender und Bestohlene gehen eine Ehe ein, aus der meist Kinder hervorgehen. Zwischen den Eheleuten herrscht ein Scheinfriede. Sobald die Frau in den Besitz ihres Federkleides kommt, flieht sie, oft mit ihren Kindern. Sie hinterläßt ihrem Mann eine Nachricht mit einem Hinweis auf ihren Aufenthaltsort.

Der schwedische Forscher Liungmann klassifiziert dieses Schwanenjungfraumotiv als asiatisch-europäisch. Versionen davon gibt es in Australien, Afrika und Amerika, als Sage und motivreiches Märchen.

Nicht nur durch Kleiderraub gewinnt der Mann seine Tierbraut. Es gibt auch andere Möglichkeiten:

- Einmal sollen drei Söhne ein Kornfeld, Saaten oder Früchte bewachen. Nur der Jüngste ist erfolgreich und erlöst ein Tiermädchen.
  So erzählte beispielsweise ein 78jähriger ungarischer Streckenarbeiter in der Geschichte von „Königssohn Argirus", die als Volksbuch wahrscheinlich vor 1641 zuerst erschienen ist. Nach Walter Scherf im „Märchen-Lexikon" bewacht der jüngste Sohn einen Apfelbaum im Garten, entdeckt Schwäne und streichelt einen von ihnen, der sich als Fee Ilona zeigt. Eine Hexe hintertreibt mehrfach die Beziehung. Zwar gelangt der Mann mit seiner Fee dank der Flugschuhe wieder zur Mutter zurück und heilt die vor Sehnsucht nach ihm kranke. Dieses Märchenglück – eine Harmonie sowohl mit der Mutter als auch mit seiner Frau – konnte der Erzähler aber im eigenen Leben nicht verwirklichen.
- Der Mann findet die Tierfrau in einer Kammer, deren Betreten ihm streng verboten war (z. B. AaTh 311, 312). So erzählt es Scheherazade in „1001 Nacht" von Hasan von Basra.
  Die Frau erhielt ihre Tiergestalt durch eine Verwünschung. In den „Kinder- und Hausmärchen" der Brüder Grimm (KHM 93) verwünscht die Mutter in ihrem Ärger ihre Tochter in eine Rabe.
- Als Hirschkuh verwandelt, lockt die Prinzessin einen Prinzen zu ihrem Schloß (AaTh 401). Dort erlöst er sie während dreier schrecklicher Quälnächte.
- Der junge Mann wurde als Kind einem Dämon versprochen (AaTh 810). Er muß daher erst selbst erlöst werden. Dem Dämon (Teufel o. ä.) entkommen, traf er die Tierbraut, lebte mit ihr zusammen. Während eines Besuchs bei seinen Eltern übertrat er das Verbot seiner Frau, um sich den ablehnenden Eltern gegenüber zu beweisen, und verlor dadurch Frau und Königtum. Bekannt für diesen Stoff ist das Grimmsche „Der König vom goldenen Berge" (KHM 92).

Ursachen für die Trennung

In allen genannten Versionen ist ein dauerhaftes Zusammenleben der Partner nicht möglich. Der junge Mann fühlte sich von der Schönheit der jungen Frau angezogen und wünschte, sie durch eine Heirat in seinen Besitz zu bringen. Begann die Beziehung mit dem Kleiderraub und zwang er sie zur Ehe, war sie ihm ausgeliefert und konnte nicht entfliehen. Sie nutzte jedoch die erste sich bietende Gelegenheit zur Flucht.

Das ist auch das Kennzeichen der sog. Mahrtenehen. Eine Mahr ist ein nächtlicher Druckgeist, der durch eine Öffnung in das Schlafzimmer eindringt und nicht mehr entweichen kann, wenn diese Ritze verstopft ist. Zunächst oft in Tiergestalt, verwandelt sie sich in einem Teil der Erzählungen am Morgen in ein schönes, nacktes Mädchen, das der Mann zur ehelichen Beziehung zwingt. Aus diesem Zwang zur Ehe zwischen Mahr (wie auch der beraubten Schwanenfrau) und Mensch resultiert ihr Wille zur Flucht. Listenreich verfolgt sie ihr Ziel. Mitunter kehrt sie nachts und samstags zurück, um Mann und Kinder zu versorgen.[2]

Interessant ist die Verflechtung zwischen Sagen- und Märchenvorstellung (Kontamination): Die Mahr ist eine Mythen- und Sagenfigur, zu der die Beziehung tödlich endet; die erfolgreiche Suchwanderung mit der glücklichen Wiedervereinigung der Partner ist märchentypisch.

Die Mahr als übernatürliches Wesen ermöglicht dem Helden, am Reichtum der Überirdischen teilzunehmen. Sie bringt dem Mann Hoffnung und belohnt ihn für Verdienste. Das ist jedoch an Verbote oder Bedingungen geknüpft: ihre Existenz darf nicht verraten werden, eine offizielle Ehe darf nicht eingegangen werden, sie darf nur zu bestimmten Zeiten gesehen werden. In der Regel gehe es, wie Lutz Röhrich in der „Enzyklopädie des Märchens“ feststellte, auch um die Erfüllung männlicher erotischer Wünsche. Vor dem schlimmen Ende erlebt der Held eine Zeit außergewöhnlichen Glücks. Strukturell und psychologisch gesehen kann man nach Röhrich Mahrtenehen als das exakte Gegenbild zur happy-end-Verbindung ansehen.

Forderte die Tierbraut den Mann auf, sie zu erlösen, und ist die Beziehung von ihr erwünscht, so ist ein Zusammenleben mit ihr auch in diesem Fall an bestimmte Regeln gebunden. Die Ungleichheit der Partner bedingt das – auch in sozialer Hinsicht, wie später noch deutlich wird. Zwar ist der Mann der erwählte Märchenheld: der jüngste dreier Söhne, der Versprochene, der Stiefsohn, der Ärmste usw., sie aber stammt aus der Anderswelt. Ihr sind Bereiche zugänglich, die ihm verschlossen bleiben.

Die Trennung durch einen *Tabubruch* erfolgt, obwohl die Ehe der Schwanenjungfrau zuerst meist glücklich verläuft. Erst indem der Mann das Federkleid nicht gut genug versteckt, bricht er das Tabu, mit dem alte Verbindungen die Oberhand gewinnen, die den Vorrang genießen gegenüber der neuen Beziehung der Tierbraut zu ihrem Mann. Ehe die Tierbraut flieht, gibt sie ihm gleichzeitig einen Hinweis, wo sie zu finden ist. Die Suchwanderung des Helden beginnt.

Andere Gebote der Frau sind z. B., nicht von ihr oder ihrer Schönheit zu sprechen, sie nicht mit dem Zauberring zu holen, nicht in ihr Zimmer zu kommen oder sie nur nachts zu treffen, die Eltern bei der Heimkehr nicht (auf die rechte Wange) zu küssen oder kein Essen anzunehmen. Oft verbrennt der Held die tierische Schutzhülle der Frau gegen ihren Willen, auch lädt er z. B. den Herrscher zur Hochzeit ein, obwohl die Braut abgeraten hatte. Häufig sagt die Braut sogar voraus, daß der Mann wegen dieser Tat Not und Leid ertragen müsse.

Auf dem Weg

Um seine Frau wieder zu erlangen, muß der Mann sich auf die Suche nach ihr begeben. Um Hilfe zu finden, tritt er zu denen in Verbindung, die der Natur – dem Bild seiner Seelenkräfte – nahe stehen. Der Mann gelangt zu den „drei wegweisenden Instanzen". Er fragt einen Einsiedler, meistens aber alte Männer oder Frauen, die über verschiedene Tiere herrschen, den „Herrn der Tiere"[3], im russischen Märchen die Baba Jaga, nach dem Aufenthaltsort seiner Gattin: Landtiere, Fische, Vögel wissen es nicht. Erst ein lahmender Adler oder Storch kommen soeben von dort und transportieren den Helden zu seiner Braut. In Italien, auf dem Balkan, in slavischen Ländern und Nordeuropa befragt er Sonne, Mond und Winde, der zuletzt herbeieilende Wind weiß von der bevorstehenden Hochzeit und bringt den Helden noch rechtzeitig hin. Auch Dämonen oder Riesen tragen ihn fast bis zum Aufenthaltsort der Frau.

Der Mann muß sich schlau verhalten, seinem Ziel treu bleiben, etwa als er kurz vor seinem Ziel vor einem schier unüberwindlichen Hindernis, dem Glasberg, steht. Er erlangt besondere Hilfsmittel, indem er einen Streit zu seinen Gunsten entscheidet: Unterwegs, oft am Fuße des Glasbergs trifft er zwei Männer, die sich um kostbare Zaubergegenstände, oftmals ihr Erbe, streiten (AaTh 518). Unter dem Vorwand, den Streit schlichten zu wollen, eignet sich der Mann diese Gegenstände an: eine Tarnkappe, einen Sattel, der an jeden gewünschten Ort bringt, Siebenmeilenstiefel oder ähnliches.

Die Erlösung der Tierbraut

Nach der Suchwanderung erkennen sich häufig Mann und Tierbraut durch einen Ring, ein Tuch oder einfaches Wiedersehen. So wird der Stoff nach Liungmann besonders in Europa, Indien, Nord- und Westasien erzählt. Mitunter wird aber eine erneute Sequenz vor dem guten Ende eingeschoben: Bevor Mann und Tierbraut in einer dauerhaften harmonischen Beziehung miteinander leben können, beweist der Mann erneut die Ernsthaftigkeit seiner Absicht und seine innere Reife. Dafür einige Beispiele:

Am Schluß befreit der Mann seine Frau aus den Händen eines Unholds (Riesen, Drachen), in dessen Gewalt sie sich befindet. Dafür gibt es, wie Liungmann herausstellte, viele slavische Erzählungen.

Im orientalisch – europäischen Raum werden dem Helden schwere Aufgaben gestellt, meist Bewährungs- und Freierproben, die er mit Hilfe seiner Frau erfüllt. So etwa im Märchentyp AaTh 465 von einem Mann, der wegen seiner schönen Frau beneidet und verfolgt wird (vgl. Anm.1).

Durch einen Fehler des Mannes, den Tabubruch, wird der Herrscher (auch der Vater des Mannes) auf die Frau aufmerksam. Der Herrscher beneidet den Mann oder ist habgierig und möchte sie durch Heirat in seinen Besitz bringen. Er glaubt das erreichen zu können, indem er den Mann durch schwere Aufgaben vernichtet. Mit Hilfe seiner Frau löst der Mann die Aufgaben. Die letzte führt meist zur Vernichtung des Herrschers, und dem Paar fällt das Königreich zu.

Sehr häufig muß der Mann als dritte Aufgabe ins Jenseits wandern (AaTh 465 C), um dort die Grabbeigaben seiner Eltern oder Großeltern zu holen. Verlangt wird von ihm ebenso das Errichten eines besonderen Bauwerkes, eines Schlosses oder einer Brücke aus Glas, einer Kirche (Moschee) oder einer Straße aus Edelsteinen über Nacht. Der Mann soll auch ein Zelt bringen, in das ein ganzes Heer passen kann. Auch große Menschenmengen, wie das ganze Heer, soll er beköstigen. Soll der Mann einen daumenlangen, starken Mann bringen, ist es oft ein Verwandter seiner Frau, der mit seinen übernatürlichen Fähigkeiten dem Mann zu seinem Recht verhilft. In Osteuropa und Asien ist dieser Märchentyp am häufigsten vertreten. Einzelne Belege gibt es in West- und Nordeuropa, der jüdischen Tradition, in Ägypten, Afrika und Mittelamerika. In China ist dieser Märchentyp seit der Tang-Zeit (7. Jh.) und in Japan seit dem 8. Jh. belegt.

Drei Aufgaben der Hexe bewältigt der Soldat mit Hilfe seiner Braut und erlöst sie aus der Gewalt der Hexe. So z. B. im Grimmschen Märchen „Der Trommler“ (KHM 193). Daran schließt aber ein unerwartetes Ende an, als die Tierbraut ihren Mann mühevoll zurückgewinnen muß: Vor der Hochzeit will der Mann seine Eltern besuchen und bricht das Tabu. Er küßt die Eltern auf die rechte Wange und vergißt dadurch seine Braut. Die wiederum verhindert die Heirat mit einer anderen Frau, indem sie sich von der neuen Braut drei Nächte in seiner Nähe erkauft.

An die Suchwanderung oder die schweren Aufgaben schließt sich oft die magische Flucht der Liebenden an (AaTh 313 f.): Die Frau wirft magische Gegenstände hinter sich, die als Hindernisse die Verfolger abwehren, oder die Frau verwandelt sich und ihren Mann. Am Ende wird der Verfolger vernichtet. Dieses Motiv findet sich besonders in Nordost- und Südosteuropa als Schluß der Schwanenjungfraumärchen. In der Grimmschen Sammlung ist es durch das Märchen von den beiden Königskindern (KHM 113) bekannt.

Der junge Mann erlöst die in eine Schlange verwandelte Prinzessin Schritt für Schritt, indem er drei Quälnächte durchlebt und wird „Der König vom goldenen Berge“ (KHM 92).

Zur Erlösung gehört, daß der Mann die Jungfrau drei Mal an bestimmtem Ort und zu festgesetzter Zeit treffen soll. Eine alte Frau oder ein anderer Gegenspieler geben ihm einen Schlaftrunk oder bestechen seinen Diener. Der Mann verschläft drei Mal das Stelldichein (AaTh 861) wie im Märchen „Die Rabe" (KHM 93). In einem Brief teilt die Jungfrau mit, wo er sie finden kann und gibt ihm einen Erkennungsring. Bei Grimm gibt ihm die Braut auch zauberische Lebensmittel. Mit dieser Ausstattung beginnt der Mann seine Suchwanderung.[4]

Aus der Geschichte der Schwanenjungfraumärchen

Vögel, insbesondere Schwäne, erhielten z. B. in der griechischen, nordischen und germanischen Mythologie große Bedeutung. Das Motiv des Schwanes und seiner Verwandlungsfähigkeit ist tradiert und heute auch mit dem Ballett „Schwanensee" (Uraufführung 1877) von Pjotr Iljitsch Tschaikowski in unserer Vorstellungswelt verankert.

Abb. 1: Der weiße und der schwarze Schwan

Die älteste Quelle der Schwanenjungfraumärchen ist der Mythos von der göttlichen Nymphe Urvaśī und König Purūravas, ihrem menschlichen Liebhaber. Zum Teil läßt er sich aus dem Hymnus des altindischen Rgveda (10, 95) erschließen, der ältesten der 4 vedischen Sammlungen, 8.–6. Jh. vor Chr. Ausführlich ist die Prosafassung im späteren Śatapatha-Brāhmana (11,5,1 „Das Brahmana der hundert Pfade“) zwischen 600–800 v. Chr. kompiliert:

Badende Wasserwandlerinnen werden in Entengestalt beobachtet. Das Gebot lautet: dreimal täglich mit ihr das Beilager teilen, aber nie gegen ihren Willen und sich selbst nie nackt zeigen. Der Blitz ihrer Brüder, der Winde, zeigt ihn nackt. Die Trennung ist wie in den Märchentypen von der Schwanjungfrau von der Frau gewünscht. Ihre Kritik am Gatten: Er habe sich als „Herr ihres Leibes“ aufgeführt (Rgveda 10, 95,5).

Da in der „Enzyklopädie des Märchens“ durch Christoph Schmitt die Geschichte dieser Märchen ausführlich dargestellt wurde, ziehe ich hier weitere Quellen hinzu und stelle wichtige Stationen der literarischen Tradierung vor:

- ca. Mitte 8. Jh.: „1001 Nacht“ – Die Geschichten von Dschanschah Taube und von Hasan von Basra;
- 2. Hälfte 11. Jh. in Kaschmir: Somadeva, Verfasser des „Kathāsaritsāgara“;
- um 1160: Marie de France: das Versmärchen vom Ritter Lanval;
- 1. Hälfte 13. Jh.: das anonyme altfranzösische Versepos „Partonopéus de Blois“ erzählt vom übertretenen Sehverbot;
- 2. Hälfte 13. Jh., aber bereits erste bildliche Darstellung um 700, Die Eddische Volundakvida: Nachdem der Schmied Wölund drei Schwanenmädchen (Walküren ähnlich) begegnet, schließt sich der Raub der Federkleider an. Er zieht nicht aus, sie zu suchen;
- 14. Jh.: das mittelhochdeutsche Gedicht „Friedrich von Schwaben“;
- 1552: Hans Sachs „Der Ritter von Purgund mit dem Hirsen“ mit dem verschlafenen Stelldichein;
- um 1600 wahrscheinlich von Albert Gergei nach italienischen Quellen die oben erwähnte ungarische Versnovelle über den Königssohn Árgirus.

Im Volksglauben der alten Ägypter enthalten ist der Glaube, Störche seien Menschen. Ebenso im Volksglauben an Jungfrauen in Seehundsgestalt an den Küsten der Nord- und Ostsee, wie Selma Lagerlöff (Nils Holgersson. Ein Märchen von Uppland) erzählt.

Zur Interpretation der Suchwanderung des Mannes

Verbindung und Glück scheinen besiegelt. Doch das trügt: Der Mann begeht eine Unvorsichtigkeit oder Nachlässigkeit und verliert das ersehnte Glück. Während der folgenden Suchwanderung werden geprüft: Geduld (schwieriger Weg), Leidensfähigkeit (Unsicherheit) und Beharrungsvermögen (lange Strecke), damit sich eine notwendige Veränderung zur inneren Reife vollzieht. Das Volksmärchen, so auch hier, stellt innere Veränderungen in Form von Handlungen der Märchenfiguren dar, die sich nacheinander vollziehen. Max Lüthi nannte dies „Flächenhaftigkeit“.[5]

Dabei erlebt der wandernde Mann seine Grenzen. Die eisernen Schuhe oder der eiserne Wanderstock, die erst durchgelaufen werden müssen, sind das Zeichen für eine lange Wanderschaft, verbunden mit Mühen und bewältigt durch Ausdauer. Sie setzen das Märchenwunder, das sich während dieser Zeit ereignet, in ein eindrückliches Bild. Der Mann sucht seine Frau an Orten, wo er Grenzen – auch seine eigenen – überwinden und über sich hinauswachsen muß, sonst erlangt er sie nicht zurück.[6]

Kurz vor dem Ziel steht der Mann häufig am Fuße des Glasberges. Nach dem dänischen Erzählforscher Bengt Holbek wird durch den Glasberg die soziale Distanz zwischen Heldin und Helden symbolisiert. Zuvor hatte der Mann die geheime Beziehung zu dem Mädchen enthüllt. Das veranlaßt sie, an einen extrem entfernten Ort zu gehen. Holbek deutete den Verlauf des Märchens als sozialen Konflikt: Nach dem Skandal, dem Aufdecken der Liebesbeziehung, wird der Junge aus dem Bauernhof herausgeworfen, auf dem er für den Vater des Mädchens gearbeitet hat. Plötzlich weitet sich der soziale Abstand zwischen den beiden zu einem unüberwindbaren Abgrund aus. Das Mädchen ist noch nicht bereit, die Beziehung zu dem Mann vor ihren Eltern zu verteidigen.[7]

Die Verpflichtung, diesen Abstand zu überwinden, liegt bei dem Niedriggeborenen, dem Helden. Zuvor konnte die Liebesbeziehung nur bestehen, solange sie geheim blieb, z. B. im Konkubinat. Die hochgeborene Liebhaberin, die Tierbraut, gedachte nicht, die Anerkennung des niedriggeborenen Mannes durch ihre Eltern durchzusetzen. Der Verstoß gegen das Tabu an dieser Stelle der Handlung, der zum Aufdekken der bisher geheimen Verbindung führte, passierte nicht aus Unkenntnis. Daher hat der Akt der Trennung zu diesem Zeitpunkt die Funktion, die scheinbare Stabilität aufzuheben und die notwendige Entwicklung anzuschieben. Oft muß die Bindungsfähigkeit der Partner in der Ablösung von früheren Bindungen etwa zum Elternhaus erst gewonnen werden.

Aber das ist nicht alles: Die Suchwanderung und der Glasberg drücken den Unterschied, die Differenz zwischen den Partnern eindrucksvoll aus. Nicht die Liebesgeschichte ist das Thema der Märchen, sondern das *Hindernis*, das die Ehe auseinanderbringt. Die Märchenhochzeit besiegelt dann den Lohn für die großen Taten und Prüfungen. Lutz Röhrich sieht in seinem Buch „Märchen und Wirklichkeit“ Entsprechungen zu „den wirklichen Proben“ der sogenannten Naturvölker „als Voraussetzung zur Erreichung der Mannbarkeit“. Diese Prüfungen vor der Hochzeit, sog. Freierproben, erscheinen im Märchen ins Phantastische gesteigert.

Die *symbolischen Elemente* der Märchen stellen die Instrumente bereit, mit denen der Erzähler / die Erzählerin die emotionalen Ausdrücke der Lebewesen, Phänomene und Ereignisse in die wirkliche Welt transportiert. Sie sind die künstlerischen Mittel, um die gegensätzlichen Welten auszudrücken, aus denen die Partner kommen.

In der Form fiktionaler Erzählsequenzen spricht der Erzähler von Problemen, Hoffnungen und Idealen der Gemeinschaft.

Um diese symbolischen Elemente zu verstehen, ist ein Modell der analytischen Psychologie hilfreich. Es baut auf die alte Vorstellung von der Gliederung der Seele in Teilbereiche auf (z. B. Aristoteles hatte von Teilseelen gesprochen, die er mit Körperteilen und Organen in Verbindung brachte, siehe C. G. Jung im „Aion“ (Gesammelte Werke Bd. 9/2, Olten 1976).

Der analytische Psychologe Hans Dieckmann, Lehranalytiker am C. G. Jung-Institut in Berlin, geht davon aus, daß die normale menschliche Psyche aus einer Anzahl von Komplexen besteht. Für unser Verständnis der Tierbrautmärchen interessierte nur die Gruppe von Komplexen, „die auf den archetypischen Bildbegriffen beruht.“ [8] Da jeder Mensch den Mutter- und Vaterkomplex sowie den Ich-Komplex zuerst aufbaut, seien dies die großen Grundkomplexe. Dieckmann ordnete die verschiedenen Komplexkerne einander zu und erstellte dazu ein Schema je zum Vaterarchetyp und zum Mutterarchetyp. Da wir uns hier mit Tierbrautmärchen beschäftigen, habe ich das bei Dieckmann entwickelte Schema für unsere Problematik verändert.

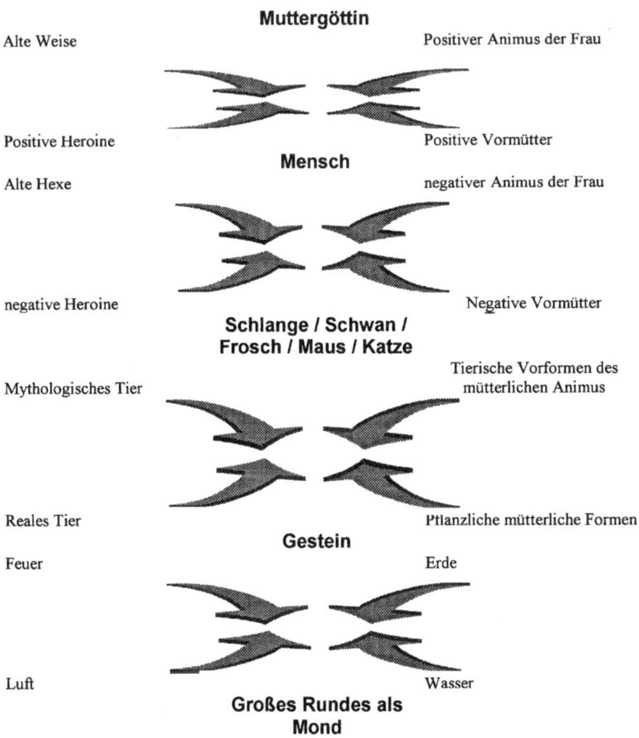

Abb. 2 Modell der psychischen Teilbereiche

In diesem Modell erscheinen fünf Bereiche herausgestellt. Zu ihnen gehören das Göttliche (hier: Muttergöttin), das Menschliche, die Tiere, die Gesteine und die Gestirne. Das Pflanzliche fehlt. Damit sind Reifegrade (Hierarchien) als Maß der Integrationsfähigkeit der verschiedenen psychischen Bereiche beschrieben. Der höchste Grad ist das Menschliche – entsprechend dem Maß, in dem die·anderen Bereiche integriert worden sind. Die Schwanenjungfrau der Märchen ist ein Mensch, der sowohl die Bereiche des Göttlichen als auch der Tiere in seinem Menschsein integrierte. Das ist ihr Entwicklungsvorsprung gegenüber ihrem Mann, den er ausgleichen muß, um sie zurückzugewinnen. Dafür stellt die Suchwanderung ein Bild dar: Der innere Vollzug ist erneut in Form von Handlung im Märchen erzählt.

Will man intrapsychisch sprechen, heißt das: Die Partner müssen ihre jeweilig wenig aktivierten Anteile der Psyche deutlicher beleben. Dann gelingt ihnen die Kommunikation in Bereichen, in denen sich der andere Partner bewegt. Dem Mann ist dann auch der Bereich der Schlange, des Schwans usw. zugänglich. Das Ziel besteht darin, als ausgewogene Persönlichkeit die verschiedenen Bereiche im Menschsein zu integrieren. Dadurch entsteht die Fähigkeit zur Partnerschaft.[9]

Das Modell setzt auch die sozialen und entwicklungsgeschichtlichen Ebenen ins Bild. Zwischen der Ebene des Menschlichen und der des inneren Königtums liegen „weite Strecken". Der Mann muß auf seiner Suchwanderung z. B. zum „Herrn der Tiere", zu den Gestirnen, zu den Winden, zu Alten Weisen usw. Auch entwicklungsgeschichtlich vorausgegangene Elemente werden integriert: Dazu zählt das Verhältnis des Menschen zu seiner tierischen Umwelt und zu seiner Religiosität. Der Tierbraut dagegen stehen diese Bereiche zur Verfügung. Sie steht der Anderswelt nahe mit ihrem Reichtum und ihrer Verbindung zur Tierwelt.

Andere Autoren versuchten, aus der Überlegenheit der Frau gegenüber dem Mann den matriarchalen Ursprung der Tierbrautmärchen abzuleiten. Diese These ist nicht beweisbar.[10] In der vergleichenden Anthropologie fand man Anklänge an totemistische Traditionen in den Tierbrautmärchen. Auch diese Interpretation hebt nur eine Seite der komplexen Ausdruckswelt der Märchen hervor.

Die Schwere und das Leid der Wanderung zeigen die Probleme des Helden, die Grenzen zwischen den Arealen zu überwinden. Dem glücklichen Gelingen dieses Reifevorgangs ist mit dem guten Märchenende ein weisendes Bild gestaltet.

Anmerkungen

1 Zum Ursprung vgl.: Holmström, H.: Studier över Svanjungfru – motivet. Malmö 1919, 15–20. Thompson, Stith: The Folktale. Berkley / Los Angeles / London: University of California Press, 1977, 92n., vgl. Schmitt, Christoph: Mann auf der Suche nach der verlorenen Frau (AaTh 400). In: Enzyklopädie des Märchens (EM), hg.v. Kurt Ranke, folgend v. Rolf Wilhelm Brednich u.a., Bd. 9. Berlin / New York 1997, Sp. 195–210, hier 196. Pöge-Alder, Kathrin: Mann wird wegen seiner schönen Frau verfolgt (AaTh 465). In: EM 9, 1997, Sp. 162–171; dies.: Zaubermärchen über die bedrohte Partnerschaft mit einer schönen Frau. In: Märchenspiegel 4/1999, 110–115. Holbek, Bengt: Interpretation of Fairy Tales. Helsinki 1987, FFC 239, 246. Liungmann, Waldemar: Die schwedischen Volksmärchen. Berlin 1961, 83; Röhrich, Lutz: Märchen und Wirklichkeit. Wiesbaden [3]1974; Scherf, Walter: Märchen-Lexikon, 2 Bde. München 1995. Allgemein zu Entstehung und Gemeinsamkeiten: Pöge-Alder, Kathrin: *Märchen* als mündlich tradierte Erzählungen des *Volkes*? Zur Wissenschaftsgeschichte ... Frankfurt a.M. u.a. 1994.

2 Vgl. Röhrich, Lutz: Mahrtenehe, die gestörte. EM 9, 44–53, hier 46f.

3 Röhrich, Lutz: Der Herr der Tiere. In: Tiere und Tiergestaltige im Märchen, ed. Arnica Esterl und Wilhelm Solms. Regensburg 1991, 30–47.

4 Der Verstoß findet statt, bevor die Erlösungshandlung der 1. Sequenz richtig abgeschlossen ist. Daher ist die typische Zweiteiligkeit der Märchenstruktur verschwommen, eher ist es mit Christoph Schmitt als ein einteiliges Märchen mit stufenweiser Erlösung anzusehen. Belegt in ganz Europa (Schmitt 198). Nicht in Schweden. Schwerpunkt in Deutschland, Dänemark, Norwegen, Italien (Liungmann (wie Anm.1) 82).

5 Lüthi, Max: Das europäische Volksmärchen. Form und Wesen. München 1981, 1. Aufl. 1947.

6 Vgl. Ranke, Kurt: Abtragen der Schuhe. In: EM 1, 1975, Sp. 40–42, hier 40; Propp, Vladimir: Historische Wurzeln. München / Wien 1987, 56, 58.

7 Holbek (wie Anm.1) S. 507, 429f.

8 Dieckmann, Hans: Komplexe. Diagnostik und Therapie in der analytischen Psychologie. Berlin u.a. 1991, 9, 11. Für den Hinweis auf das Buch danke ich Stephan Alder. Die Anzahl der Komplexe ist nicht unendlich, aber sehr hoch und daher kaum aufzulisten. 2 weitere Gruppen: die Gruppe von Komplexen, die Eigenschaften, Verhalten und Haltungen umfaßt, sowie die Gruppe, die Triebansprüche des Menschen zusammenfassen.

9 Hier knüpft auch die Definition der (vor allem zweigliedrigen) Zaubermärchen von Walter Scherf an: Die Heranwachsenden hatten sich im ersten Teil vom Elternhaus zu lösen; die erste Partnerbeziehung zerbricht an ihrer Unreife. Diese zu überwinden – darum geht es im zweiten Teil. (Vgl. Scherf (wie Anm.1) S. XXVIII f.).

10 Vgl. auch Schmitt (wie Anm.1) Sp. 204.

Das Orangenmädchen

Es war einmal ein Königsohn, der sagte zu seinem Vater: „Ich will ausziehen, um die Zitronenbäume des Drakos zu suchen.“ Er sagte es von der Zeit an, da er die Welt verstand, er sagte es wieder und immer wieder; was sollte sein Vater machen? Es blieb ihm schließlich nichts anderes übrig, als ihn ziehen zu lassen. An dem Tag aber, als der Junge sich auf den Weg machen wollte, gab er ihm einige weise Ratschläge mit: „Höre mein Sohn, und laß dir sagen: du wirst gehen, wohin es dich zieht, aber sei auf der Hut! Der Drakos, der die Orangenbäume bewacht, schläft mit offenen Augen. Wenn du also siehst, daß er seine Augen geschlossen hat, nähere dich ihm nicht, er würde dich fressen! Wenn du jedoch siehst, daß er seine Augen offen hat, dann mache dich rasch an einen Baum heran und pflücke drei Früchte! Strecke deine Hand aber nicht nach noch mehreren aus, davon würde der Drakos erwachen!“

Der Königsohn sattelte sein Pferd und ritt, ritt, bis er zu dem Garten des Drakos kam. Er fand ihn mit offenen Augen, sprang rasch zu einem der schönen Orangenbäume, die voller reifer Früchte hingen, pflückte drei davon und steckte sie in seine Tasche. Wie gern hätte er noch mehr genommen! Aber er dachte an die Warnung seines Vaters und ritt fort, so schnell er konnte. Unterwegs aber bekam er einen brennenden Durst. Da nahm er eine der Orangen und schnitt sie an. In demselben Augenblick stand ein wunderschönes Mädchen vor ihm und sagte: „Gib mir Wasser! Schnell, schnell Wasser!“ Aber der Königsohn hatte kein Wasser und es war auch keines in der Nähe. Da sagte das Mädchen: „Dann gehe ich wieder zurück in meine Orange“, und sie wurde auf einmal ganz klein, schlüpfte in die Orange zurück, die schloß sich über ihr und verschwand vor den Augen des Königsohns. Er ritt weiter, sein Durst wurde noch ärger und er schnitt die zweite Orange an. Da stand wieder ein liebliches Mädchen vor ihm, das rief: „Ach Wasser, Wasser, Wasser! Ich verschmachte!“ Aber der Königsohn hatte keines, und so schlüpfte auch sie wieder in ihre Orange und verschwand.

Traurig ritt der Königsohn weiter und suchte nach einer Quelle, um ja Wasser zu haben, ehe er die dritte Orange anschnitt. Auf einmal hörte er etwas plätschern, und wie er dem nachging, sah er eine klare Quelle, die aus dem Felsen hervorsprudelte und einen Teich bildete. Voller Freude zerteilte er die letzte Orange, und aus der Frucht sprang ein Mädchen, das an Anmut und Schönheit die beiden anderen noch übertraf. Auch sie verlangte sogleich nach Wasser, der Königsohn schöpfte aus der Quelle und brachte es ihr. Sie trank, und da war sie der Menschenwelt gewonnen. Der Königsohn war entzückt, er nahm sie in die Arme und hätte sie am liebsten gleich als seine Braut auf sein Schloß geführt. Aber dann sprach er zu ihr: „Bleib noch kurze Zeit hier! Ich werde dich auf die Platane bei der Quelle setzen, ich werde Maultiere aus dem nächsten Dorf holen, und dann komme ich zurück und nehme dich mit zu meinen Eltern.“

Und so geschah es. Das Mädchen saß auf der Platane und wartete. Nach einer Weile kam eine schwarze Dienerin zu der Quelle, um ihren Krug zu füllen. Als sie sich nun über den Wasserspiegel beugte, um zu schöpfen, sah sie darin ein schönes Frauenbild. Sie glaubte, das sei ihr eigenes Gesicht. „Oh, wie schön bin ich!" rief sie, „Und ich soll mich mit schweren Wasserkrügen abschleppen?" Und damit stieß sie den Krug um, daß er in tausend Scherben zersprang. Auf einmal sah sie, wie das Spiegelbild sich bewegte. Sie schaute nach oben, erblickte das schöne Mädchen und wußte nun, woher das Bild im Wasser gekommen war. Sie stieg auf den Baum, tat sehr freundlich, verstand das Mädchen durch allerlei Schmeichelworte für sich zu gewinnen und ihr alles zu entlocken, was sie wissen wollte: wer sie war und warum sie da oben saß. Dann bot sie ihr mit heuchlerisch süßer Stimme an, ihr die Haare zu kämmen. Und die Schöne, die nichts Böses ahnte, legte ihren Kopf in den Schoß der Schwarzen; die aber stach ihr eine verzauberte Nadel hinein, und dann warf sie die Ohnmächtige ins Wasser, in dem sie sofort versank. Sie selbst aber blieb auf dem Baum und wartete auf den Königsohn.

Der kehrte nach einiger Zeit mit Maultieren und Bediensteten zu der Platane zurück, um seine Braut zu holen. Dort fand er, statt seines schönen Orangenmädchens, die hässliche Mohrin. Doch die verstand es, sich zu verstellen und ihn zu täuschen; sie tat so, als hätte sie die ganze Geschichte selbst erlebt, und dann machte sie ihm auch noch Vorwürfe, daß er sie so lange hätte warten lassen. Sonne und Wind hätten ihr zugesetzt und ihrer zarten Haut geschadet und sie so dunkel gemacht. Was blieb dem Königsohn anderes übrig? Er nahm sie mit auf sein Schloß, hielt sein Versprechen und vermählte sich mit ihr.

Nach einiger Zeit erzählte einer von den Hofleuten, in der Quelle bei der Platane schwimme ein goldener Fisch. Der Königsohn ging und überzeugte sich selbst von dem Wunder. Er war entzückt und befahl, den Fisch in ein Wasserbecken im Schloßgarten zu setzen, und er faßte eine so große Zuneigung zu ihm, daß er den lieben langen Tag bei dem Becken zubrachte, um den Fisch zu beobachten und zu füttern. Die Mohrin aber ahnte, was es mit dem goldenen Fisch für eine Bewandtnis hatte. Sie stellte sich krank und immer kränker, nichts half, und dann sagte sie: „Nur wenn ich von dem goldenen Fisch zu essen bekomme, kann ich wieder gesund werden." Der Königsohn weigerte sich, den Fisch zu schlachten, aber die Mohrin machte ein Theater und Geschrei – es blieb ihm schließlich nichts anderes übrig; er ließ den Fisch schlachten, man bereitete ihn zu und brachte ihn der Mohrin. Sie verzehrte den Fisch bis auf die Gräten und war gleich von ihrem Leiden geheilt.

Die Gräten hatte der Koch zum Fenster hinausgeworfen, und nicht lange, so wuchs an der Stelle eine schöne schlanke Zypresse, und sie wuchs so schnell, daß sie in kurzer Zeit bis in den Himmel reichte. Da wurde der Königsohn wieder froh und schenkte nun seine ganze Zuneigung dem Baum. Die Mohrin aber schöpfte von neuem Verdacht, sie wurde wieder krank, sterbenskrank - die Ärzte waren ratlos. Da sagte sie zum Königsohn: „Wenn du die Zypresse fällen, das Holz verbrennen und die Asche in ein Bad für mich streuen läßt, so werde ich gesund." Der Königsohn war todunglücklich, seinen Baum sollte er opfern! Aber was sollte er machen? Der Baum wurde schließlich gefällt, alles geschah so, wie es die Mohrin anordnete, und im Nu war sie wieder gesund. Nun war aber beim Baumfällen ein Holzscheit auf die Seite gesprungen - eine alte Frau, die gerade vorbeikam, hob es auf und nahm es mit. Achtlos warf sie es zu Hause in die Brennholzkiste. Am anderen Morgen ging die Alte fort; als sie aber zurückkam, fand sie ihre Stube fein säuberlich gefegt und geputzt. Sie wunderte sich sehr und wunderte sich noch mehr, als es am anderen Tag genauso ging. Am nächsten Tag verließ sie das Haus, aber dann stellte sie sich hinter die Tür auf die Lauer - und was sah sie? Aus der Holzkiste stieg ein feenhaft schönes Mädchen und fing an zu fegen. Die Alte sprang hinzu, und das Mädchen wollte gleich in die Holzkiste zurückschlüpfen, aber die Alte hielt sie fest und sprach: „Hab keine Angst und versteck dich nicht, bleib hier, ich will dich als meine Tochter annehmen." Da beruhigte sich das Mädchen, sie blieb und die beiden lebten nun eine Weile miteinander wie Mutter und Tochter.

Mit der Zeit aber sprach es sich herum, daß im Häuschen der Alten ein Mädchen lebte, schön wie ein Engel. Von Mund zu Mund lief das Gerücht und kam schließlich dem Königsohn zu Ohren. Eines Tages ließ er verkünden, daß alle Frauen und Mädchen zu einem großen Essen ins Schloß geladen wären. Dazu erschien auch die Alte, das Mädchen aber hatte sich geweigert mitzugehen. Der Königsohn fragte: „Warum hast du deine Tochter nicht mitgebracht?" „Ich habe keine Tochter", erwiderte die Alte. „Ich weiß, daß du eine hast! Also geh und hol sie, sonst geht es dir schlecht!" Die Alte ging und holte das Mädchen herbei, ob es nun wollte oder nicht. Alle setzten sich zur Tafel, und nach dem Essen sollte jede eine Geschichte erzählen. Als die Reihe an das Mädchen kam, da sagte sie, sie wüßte keine Geschichte. „Hast du nichts erlebt?" fragte der Königsohn. „Erzähle etwas, damit du deinen Platz in der Reihe ausfüllst." Das Mädchen erwiderte: „Ich habe viel Leid erduldet, wollt Ihr davon hören? Dann muß aber die Türe geschlossen werden, wenn ich das erzählen soll."

Der Königsohn ließ die Tür schließen, und dann begann das Mädchen zu erzählen, und sie erzählte ihre ganze Geschichte von Anfang an, wie sie aus der Orange sprang, wie sie bei der Quelle von einer Mohrin getäuscht und erstochen, wie sie zum goldenen Fisch und dann zu einer Zypresse wurde. Sie ließ nichts aus. Da erkannte der Königsohn, daß sie seine rechte Braut war. Er nahm sie in seine Arme, und beide weinten vor Glück. Die tückische Mohrin bekam ihre gerechte Strafe – sie wurde in ein Nagelfaß gesteckt und ins Meer gerollt. Der Königsohn aber und das Orangenmädchen feierten eine prächtige Hochzeit.

*Sie lebten in Glück und Frieden,
und das sei auch euch beschieden.*

HELGA VOLKMANN

Die Pflanzenbraut und ihr Erlöser

Es ist der Gentechnologie gelungen – so war es kürzlich im „Zeit-Magazin“ zu lesen –, das Gen zu isolieren, welches ein Glühwürmchen zum Leuchten bringt, und es in eine Tabakpflanze zu implantieren. Damit sei die „zuvor unüberwindliche Barriere zwischen Tier (bzw. Mensch) und Pflanze“ überwunden.

Wir sind mit dieser scheinbar fantastischen Meldung aus einer Sphäre der Wissenschaft, aus der wir Laien so gut wie alles für möglich halten, mitten in unserem Thema: nämlich im Grenzbereich zwischen den Formen des Organischen, der Dreiheit von Pflanze, Tier und schließlich Mensch, zwischen den Wesen also, die das Prinzip verkörpern, was man im herkömmlichen Sinne unter „Leben“ versteht. Und wir werden fragen, was Märchen und Mythen uns dazu zu sagen haben.

Dem Generalthema der Tagung, der Tierverwandlung, möchte ich – in verdeutlichender Erweiterung dieses Motivkomplexes – die Metamorphose von Mensch zu Pflanze, von Pflanze zu Mensch an die Seite stellen, wie sie in den Märchen so scheinbar spielerisch leicht und gänzlich ohne Gen-Austausch vor sich geht. Dabei gibt es signifikante Unterschiede zwischen den beiden Bereichen, also Tier und Pflanze: Pflanzenverwandlung geschieht fast immer innerhalb der Domäne des Weiblichen; zu erlösen ist also ein Mädchen. Und niemals geht ihr ein Fluch, eine Verwünschung von Seiten eines Dämons voraus, wie zumeist bei männlichen Tierverwandlungen; eine boshafte Verwünschung in eine Rose etwa – das wäre eine geradezu abartige Vorstellung. Auf diese beiden bedeutsamen Unterschiede sei gleich vorweg hingewiesen, und ich werde zu zeigen versuchen, daß ihnen eine innere Notwendigkeit zugrunde liegt. Auch die wichtigste Gemeinsamkeit bei Tier- und Pflanzenverwandlungsmärchen sei vorweggenommen: Pflanzenbraut und Tierbräutigam – eine Braut, ein Bräutigam, gleich welcher kreatürlichen Spezies – sind immer Partner in einer Zweierbeziehung zwischen Mann und Frau. Und selbstverständlich ist in den Zaubermärchen der Partner einer Pflanzenbraut, die Partnerin eines Tierbräutigams ein Mensch, und dem fällt ein aktiver Part bei der Erlösung seiner Gefährtin (bzw. seines Gefährten) zu. Immer bedarf es der Liebe, damit sich schließlich Mensch zu Mensch findet und die schöne Kreatürlichkeit der Pflanze, die verwünschte Tiergestalt eine Evolution hin zur 'Krone der Schöpfung' erfährt. Immer, hier wie dort, erscheint die Tendenz zum tagtäglichen Rückfälligwerden unter Lichteinwirkung in einen vormenschlichen Zustand als etwas Uneigentliches, das es zu beenden gilt.

Mensch und Pflanze – mit einigen grundsätzlichen Betrachtungen möchte ich zunächst dieser Beziehung nachgehen, vor deren Hintergrund die für unseren Wirklichkeitssinn etwas befremdlichen Liebesgeschichten zwischen Pflanzenmädchen und Menschenmann im Märchen – so hoffe ich – in deutlicherem Licht erscheinen.

Mensch und Pflanze – eine vielschichtige Beziehung, geprägt von Verwandlungsprozessen, um die es hier ja geht und von denen der augenfälligste auf der physischen Ebene des menschlichen Stoffwechsels geschieht. Die Pflanze ist unsere Urnahrung, und von daher sind die Abhängigkeitsverhältnisse klar: Die Pflanze kann ohne den Menschen existieren, nicht aber der Mensch ohne die Pflanze. Er würde verhungern.

Mensch und Pflanze – evolutionsbiologisch scheinbar durch Welten getrennt und doch auch auf sublim-magische Weise, gewissermaßen auf feinstofflicher Ebene über den edleren menschlichen Wesensteil, miteinander verwandt. Der menschliche Leib zwar stehe dem Tier näher, seine Seele aber der Pflanze, sagen die Dichter und Philosophen. Sie, die Pflanze, hat mit dem Menschen immerhin die aufrechte Haltung gemeinsam. Auf der physiologischen Ebene kann sie zudem mehr und Grundsätzlicheres als wir: Sie holt sich in schöner Selbstverständlichkeit ihre Kräfte aus dem Boden, der Mutter Erde, und sie strebt ebenso kraftvoll zum Lichte empor – und sie vermag es, diese Lichtenergien für sich und für alle anderen Lebewesen auf diesem Planeten in tragende Lebensenergie umzusetzten. Ein Prozeß von höchster Symbolik – und jenseits aller exakten Biologie, die das ja 'Photosynthese' nennt, von mystischer Qualität. Und so mag denn unsere sehnsuchtsvolle Zuneigung zum Pflanzenreich vor allem auf dieser ihrer Fähigkeit zum lebenerhaltenden Substanzaustausch zwischen Himmel und Erde beruhen.

Unter allen Formen der Natur sei die Pflanze die sittlichste und die schönste, sagt Friedrich Schlegel.[1] Selbstverständlich erfülle sie den Willen Gottes, ist bei Adalbert Stifter zu lesen.[2] Rudolf Borchardt hat das schöne Wort geprägt, Blume, Blatt und Ranke seien *Ordnungswunder, und der Mensch ist eine Unordnung, die aus der Ordnung kommt und zur Ordnung verlangt.*[3] *Der Göttin heilige Lettern* nennt Goethe in seinem Gedicht *Die Metamorphose der Pflanzen die ewigen Gesetze,* nach denen die Pflanze sich entwickelt, und wer eben diese heiligen Lettern zu lesen verstehe, dem offenbare sich das Grundprinzip des Lebens schlechthin.[4]

Goethes „Urpflanze", bei Novalis das Symbol der Blauen Blume – seit dem Ende der Aufklärung und dann vor allem in der Romantik stellten die Dichter und Philosophen der exakten Naturwissenschaft eine alternative, von liebender Anschauung getragene Hinwendung zur Natur, speziell zur Pflanze, an die Seite. Ein gleicher dynamischer Urstoff wirkt demnach in allen Wesen, der „Gottheit lebendiges Kleid" ist aus ein und demselben Material, nach ein und demselben Grundmuster gewebt.

In dieser Epoche, in diesem geistigen Ambiente wurden die meisten der auf uns gekommenen Märchen gesammelt und aufgeschrieben. Wohl ist das Motiv der Pflanzenverwandlung viel, viel älter – bereits im altägyptischen Zwei-Brüder-Mythos verwahrt der Jüngere sein Herz in einer Zedernblüte, und es kommt dann eine Verwandlungskette über Pflanzen und Tiere in Gang ähnlich der bei Märchenmädchen, die uns gleich beschäftigen werden.[5] Uralte Bilder also für zeitloses Geschehen. Doch gerade im 19. Jh. war von pantheistischer Naturfrömmigkeit her der Boden bereitet für die innere Glaubwürdigkeit der Verwandlungsmärchen. Ein unterirdischer Strom alten Wissens floß unter den Menschheitsepochen her und kam zu Tage, wenn der Zeitgeist solchem Gedankengut günstig war.

Mensch, Tier und Pflanze also sind, jenseits aller Arteigentümlichkeiten und scheinbar grundsätzlichen Unterschiede, aus demselben Stoff gebildet, dieselbe zu ewig neuen Formen drängende Energie hält sie zusammen. Im Gedankengebäude Goethes und der Romantik wurde eben jener allen Geschöpfen gemeinsame Ur-Stoff als etwas Geistiges geschaut, lange bevor die moderne Naturwissenschaft den Mikrokosmos der Zellen entdeckte und erforschte und auf ihre Weise die immaterielle, energetische Natur bewies von dem, was die Welt im Innersten zusammenhält – *einen ununterbrochenen Reigen der Energie* – wie der Physiker Fritjof Capra die allem Leben zugrunde liegenden dynamischen Muster genannt hat.[6]

Mensch und Pflanze – keine Solidargemeinschaft, vielmehr eine sehr einseitige Beziehung, bestimmt vom Nutznießer Mensch, der andererseits diesem Mit-Wesen, dem er seine Lebensgrundlagen verdankt, von jeher – wie wir sahen – einen reichen Fundus an Gefühlen entgegengebracht hat, solche der tief im Volksglauben verankerten Ehrfurcht wie auch, besonders angesichts der Blumen, solche ästhetischer Bewunderung. Immer ist die Pflanze in dieser Beziehung der passive Teil, sie ist von Natur aus 'verwurzelt' und standortgebunden, kann ihren 'Feinden' also nicht, wie das Tier, davonlaufen. Gehorsam erfüllt sie die ewigen Gesetze der Natur, schön ist sie und anmutig, zumal zu ihrer von der Natur für die Fortpflanzung inszenierten Blütezeit. Da liegt die Analogie zum weiblichen Prinzip auf der Hand: passiv, anmutig, in sich ruhend, aus biologischen Gründen standortgebunden – männliche Wunschphantasien entzündeten sich an solchen Verwandtschaftsgefühlen mit Floras Kindern. Mädchen – Pflanze – Liebe – dieses gefühlsgeladene Gespann wurde in der Literatur der Romantik hymnisch gefeiert, sentimental und oft reichlich trivial besungen: *Du bist wie eine Blume, so schön, so hold, so rein ...* (Heine) so und ähnlich klingt es landauf landab noch bis in unser Jahrhundert hinein.

Wir wissen, daß das Volksmärchen dieses Klischee allenfalls an der Oberfläche bedient. Doch ist die Verbindung Pflanze / Frau auch hier evident.

Pflanzenverwandlungen geschehen so gut wie immer jungen, sehr jungen Frauen. Pflanzenmänner sind sozusagen eine botanische Rarität, etwa der „Kürbismann" eines rumänischen Märchens, wo es dann folgerichtig eine Erlöser*in* gibt. In den „Metamorphosen" des Römers Ovid allerdings werden gerade schöne und möglicherweise hermaphroditisch verfeinerte Jünglinge zu Blumen und geben diesen dann ihren Namen: Adonis, Hyacynthos, Narzissos. Dem Volksempfinden jedoch hat diese Gleichung Mann-Blume wohl nicht entsprochen, denn sie hat in die Märchen und Sagen nicht hineingewirkt.

Ich bin nun endgültig bei den Märchenpflanzen angelangt. Pflanzen in Märchen und Sagen wachsen fast nie harmlos-vordergründig in Beet und Flur als bloße Augenweide oder Nahrungsquelle. Sie entfalten wunderbare Energien. Sie haben in sich ein magisches Potential, das sie befähigt, die Gesetze der Botanik (und bei der Menschverwandlung die der Biologie allgemein) mutwillig zu überspielen. Sie öffnen den

Zugang zur Anderswelt, bewirken Metamorphose, Lösung und Erlösung, und zwar als Ganzes wie auch in ihren Teilen, zumal in den Blüten und Früchten, den spektakulärsten Erscheinungsformen ihres Lebenszyklus.

Aus der Fülle der Beispiele in Märchen, Sagen und Legenden seien einige herausgegriffen:

- Joringels rote Blume öffnet das Reich der Zauberin. In einer fränkischen Sage öffnet ein Rosmarinstrauch das Tor ins Totenland.
- Eine Rose mitten im Winter schafft die Verbindung vom Tierbräutigam zu seiner Erlöserin.
- Geschwister sind über eine Pflanze in sympathetischer Verbindung – kümmert oder verdorrt sie gar, so ist für den anderen eine Aktion der Lebensrettung fällig.
- Ein Gottesurteil wird durch ein botanisches Wunder offenbar: Der päpstliche Stab z. B. schlägt grün aus – Thannhäuser hat also für seine Sünden der Maßlosigkeit in Liebesdingen Gnade gefunden.
- Zwei auf Erden unglücklich Liebende sind im Tod als Pflanzen vereint. So wachsen auf dem Grab von Tristan und Isolde ein Wein- und ein Rosenstock in inniger Umschlingung.
- Die Empfängnis eines lange ersehnten Kindes geschieht sozusagen auf ungeschlechtliche Weise und, zumindest vordergründig, jeglicher Sexualität entkleidet über einen Apfel oder seltener über eine Blume – in einem ungarischen Märchen findet sich ein besonders hübsches, poetisches und sozusagen keimfreies Bild für den Zeugungsakt: die Frau muß vom Tau aus einem Rosenkelch trinken.

Diese Reihe ließe sich lange fortsetzen. Mit den letzten Beispielen befinden wir uns bereits – über Empfängnis und Tod – im Bereich der Verwandlung. Es wird deutlich, daß Pflanzen im Märchen immer auf dem Boden des Weiblichen, der Mütter, der Liebe und Sexualität wachsen, auch wenn dafür jene gänzlich unanstößigen, verschlüsselten Bilder gefunden werden.

Innerhalb des Ökosystems Mensch / Pflanze und in dem sensiblen Zwischenbereich, in dem – wie ich zu zeigen versucht habe – in den Märchen wie in der sogenannten Realität Magie und Wunder von mancherlei Art möglich sind, fragen wir uns nun: Was hat es mit jenen auf den ersten Blick doch befremdlichen Liebesbeziehungen zwischen Menschen und Pflanzen auf sich? Es geht also um jene Zeitspanne, die in den Märchen eine so wichtige, *die* wichtige Rolle spielt: die des jungen Erwachsenen auf der Partnersuche, die ja zugleich die Suche nach seinem Selbst, seiner Ganzheit ist. Ein weibliches Wesen 'vegetiert' in einer bestimmten Lebensphase als Pflanze und wird durch die Liebe eines Mannes zum Menschsein erlöst – wobei auch der Erlöser einen Lernprozeß durchmachen muß, ehe das Werk gelingen kann. Das ist das klassische Geschehensmuster, wie es durchaus den Tierbräutigammärchen entspricht. Ich habe versucht, eine gewisse Ordnung in diese Verwandlungsmuster zu bringen. Da wäre also

1. Ein Kind wird schon als Pflanze geboren als Folge eines sehnlichen und vielleicht etwas unbedachten Stoßseufzers einer allzu lange unfruchtbaren Ehefrau. Und das heiß Herbeigewünschte ist dann nicht ein Igel oder Eselein, sondern ein Myrten- oder Basilikumstock.

Die Myrte ist eine der bedeutsamsten Symbolpflanzen; in der Antike der Aphrodite zugehörig, steht sie zeichenhaft für die junge, vor der Erfüllung stehende Liebe (erinnert sei an den Brauch, die Braut mit einem Myrtenkranz zu schmücken). Adam – oder wäre das nicht eher Eva zuzutrauen? – soll bei der Vertreibung aus dem Paradies einen duftenden Myrtenzweig mitgenommen haben – die Myrte kann also auch symbolisch auf das Paradies hinweisen. Und so scheint sie in besonderer Weise geeignet, das Verpuppungsstadium eines Märchen-Mädchens zu verkörpern, welches dann, überirdisch anmutig und verlockend wie ein Schmetterling, in zunächst provisorischer Menschengestalt seiner Hülle entschlüpft. In Varianten kann die Pflanze auch ein Rosmarin sein oder, in einem griechischen Märchen gleichen Namens, ein Basilikumstock,[7] der seiner 'Mutter' fix und fertig eingetopft von Gott als Kindersatz gespendet wird. Auch das Basilikum, die 'königliche Pflanze', wird im griechischen Volksglauben mit positivem Liebeszauber in Verbindung gebracht, wie denn dieser Märchentypus überhaupt eindeutig bei den nördlichen und östlichen Anrainern des Mittelmeeres zu Hause ist.

Von Seiten der Mutter gibt es niemals den leisesten Seufzer der Enttäuschung über den seltsamen Familienzuwachs, wie oft bei der Geburt eines Tierzwitters. In Liebe hegt und pflegt sie ihre Pflanze – stellt sich dann aber doch auch dem Schicksal nicht in den Weg, das in Gestalt eines Königsohnes an die Türe klopft bzw. ans Fenster, durch das er die Pflanze erblickt hat und sie unwiderstehlich haben muß. Mag sein, er hat das Gespür für ihre wahre Natur und ahnt bereits an ihrem Duft, von ihren zunächst noch gänzlich botanisch bestimmten Lebensäußerungen her, ein erstes leises Aufschimmern der Menschenseele, die es nun zu entfalten gilt. Keine leichte Aufgabe, weder für ihn noch für sie.

Sie wechselt in ihrem Blumentopf zunächst von der mütterlichen Fensterbank zu der im Schloß im Zimmer des Königssohnes. Damit ist noch nicht viel geschafft. Auch wenn ein handfestes Menschenmädchen von der Obhut der Eltern in die eines Mannes überwechselt, bedeutet das ja noch keinen Schritt hin zu ihrer Emanzipation. Unser Pflanzenmädchen offenbart nun ihr potentielles Menschsein, jede Nacht beglückt sie ihren Erlöser als feenhaft schönes Mädchen, süß duftend und grüngewandet. Und am Tage begießt er seine 'Pflanze' mit einem goldenen Gießkännchen, wie es Clemens Brentano in seiner Nachdichtung „Das Myrtenfräulein“ beschreibt.[8]

Die beiden hätten es wohl noch eine Weile ausgehalten in ihrer trauten zweisamen Leiblichkeit, wer weiß! Leiblichkeit übrigens spielt auch auf der handfesten kulinarischen Ebene in den meisten Varianten eine Rolle: Die Nacht ist lang, und da braucht das Pflanzenmädchen, das ja noch immer eine Art Schwellenwesen ist, offenbar handfeste Nahrung für ihre prekäre Physis, um das Menschsein durchzuhalten: nach Fleisch und Gebäck gelüstet es ihr.

Jedoch es gibt nicht nur Nächte, sondern auch helle Tage, die es zu meistern gilt, als *Mensch*, als *Frau* und nicht als Pflanze auf der Fensterbank. Und auch in der Beziehung der beiden darf es nicht nur Nächte geben, wenn das Erlösungswerk gelingen soll. Aufbruch tut Not, und der wird im Märchen zumeist durch übelwollende Widersacher bewirkt. Der Königsohn ist keineswegs ein abstinenter Typ, der sich für seine Pflanzenbraut aufgespart hat. Sieben Liebhaberinnen, in einer Variante neun, und dazu noch die Königinmutter – eine geballte Ladung eifersüchtiger Weiblichkeit, die nur darauf warten, das Geheimnis hinter der verschlossenen Tür im Königspalast zu lüften. Er muß fort, in den Krieg oder zur Jagd auf den wilden Eber – wie die Männer immer im entscheidenden Moment fortmüssen. Doch das ist in diesem Falle gut so. Seine verliebte Hartnäckigkeit hat zwar den Anstoß zur Menschwerdung gegeben, den Weg durch das Dunkel, durch schmerzhafte Verwandlungen hin zur Selbstfindung muß sie jedoch allein gehen. Sie wird als Pflanze gemetzelt, als Mädchen zerstückelt, erst aus den Pflanzenresten gedeiht ein neuer Blumenstock und schließlich, in einem zweiten Anlauf, noch einmal das Mädchen, das nun seiner Zwitternatur entwachsen und zu echter Partnerschaft mit ihrem Königsohn, zu einer Nacht-*und*-Tag-Beziehung gereift ist. Ein ziemlich passiver Held übrigens ist dieser Königsohn: angesichts des Unglücks bei seiner Rückkehr – er findet die Pflanze zertreten am Boden – fällt ihm nichts Besseres ein, als sich liebeskummerkrank ins Bett zu legen. Es ist das Mädchen, das die Wendung zum Guten, die Auflösung des falschen Scheins allein bewirkt.

Von den als Pflanzen Geborenen gehen wir über zu

2. Mädchen, die in der Adoleszenz in Pflanzen verwandelt werden, und zwar als Schutzfunktion vor tatsächlichen oder bloß befürchteten Nachstellungen der Männer. In diese Kategorie gehört z.B. das Grimmsche Märchen „Die Nelke" (KHM 76). Das ist die Geschichte von einem Königsohn mit *wünschlichen Gedanken*, also einem, dem sich jeder Wunschgedanke flugs in Wirklichkeit umsetzt. Mit solchem magischen Kapital ist gut wuchern; der junge Mann schafft natürlich noch ganz andere Dinge als seine Liebste in eine Nelke zu verwandeln, um sie in der Westentasche, platzsparend und für sie gefahrlos, mit auf Reisen zu nehmen. Und so stellt in dem Märchen dieses Motiv eine nicht handlungstragende Episode dar. Ähnlich marginalen Charakter hat die Metamorphose auch in „Der liebste Roland" (KHM 56), wo das Mädchen sich selbst in einem Akt der Verzweiflung über den vermuteten Liebesverrat in eine Nelke verwandelt. In beiden Märchen hat denn auch der Mann, der Partner, keine Erlöserfunktion. In dem russischen Märchen „Der Vampir" übersteht ein Mädchen, das sich mit dem Teufel eingelassen hat, ihren eigenen Tod als Grabesblume. Ein Bojarensohn führt dann zwar die Menschwerdung der Blume herbei, die endgültige Befreiung des Mädchens aus der traumatischen Teufelsbindung muß sie dann aber ganz allein schaffen.[9]

Ich wende mich in diesem Motivbereich der 'Verwandlung auf Zeit' dem Typus „Daphne" zu, in dem die Pflanzenverwandlung im Zentrum steht. Daphne, der griechische Name für den Lorbeer, auch dies eine Pflanze der Mittelmeerflora, ist dem

Lichtgott Apollon heilig und erinnert an seine einzige Niederlage in Liebesdingen: die Nymphe Daphne entzog sich seinem Werben, indem sie sich von ihrem Vater, dem Flußgott, in einen Lorbeerstrauch verwandeln ließ. Ovid erzählt den alten Mythos in seinen „Metamorphosen". Der römische Dichter gehörte zum abendländischen Bildungskanon bis in die Neuzeit, die hohe wie die Volksliteratur haben aus seinen Motiven geschöpft. Das Märchen von dem Lorbeermädchen mag im Strom mündlichen Erzählens auf den griechischen Mythos selbst zurückgehen (also nicht den Umweg über die Verschriftlichung durch Ovid genommen haben), denn es ist vor allem auf dem Balkan überliefert.

Den Verwandlungsakt, der in den Märchen stets der Fantasie des Hörers oder Lesers überlassen bleibt, beschreibt Ovid auf seine pseudo-realistische Art so: ... *Kaum hat so sie gefleht, da ergreift eine Starre die Glieder; zäher Bast umspinnt das Fleisch des geschmeidigen Leibes; wie als Blätter die Haare, so wachsen die Zweige als Arme; eben so schnell noch, haften in steifen Wurzeln die Füße, Wipfel nimmt ein das Gesicht. Ein Glanz nur bleibt über allem.*[10] Ich zitiere das, um der Phantasie hinsichtlich solcher Pflanzenverwandlungen etwas nachzuhelfen. Bei Ovid gibt es keinen Erlöser, Daphne bleibt eine Pflanze.

Nicht aber in den Märchen. Auch in diesem Typ machen die erlösenden Prinzen, das muß gesagt sein, keine sehr rühmliche Figur. Im Zentrum des Geschehens steht das Mädchen, das in einigen Varianten auch schon als Lorbeerblatt das Licht der Welt erblickt. In der von Walter Scherf als 'Leitfassung' des Märchentyps bezeichneten Variante[11] wächst sie als schönes mutterloses Mädchen heran, flieht vor der sexuellen Bedrohung durch den eigenen Vater – immerhin einem Kaiser – in den Wald, und als dieser ihr lüstern auf den Fersen ist, bittet sie die tote Mutter um Verwandlung in einen Lorbeerstrauch. Der mütterliche Geist hat diese Macht, und tausend Jahre vergehen, in denen Daphne, sich selbst genug in ihrer vegetabilen Existenz, als Pflanze lebt, standortgebunden, wie Pflanzen nun einmal sind, und ihren menschlichen Kern hinüberrettet bis zur Begegnung mit einem anderen, adäquateren Liebespartner – einem Königsohn. Auch er fühlt sich, wie der Erlöser des Myrten- oder Basilikummädchens, auf sublime Weise angezogen von der Aura der Pflanze. Er schlägt sein Zelt daneben auf, und sein Gefühl hat ihn nicht getäuscht: es geht alles sehr schnell, es gibt von Seiten des Lorbeermädchens kein Zieren und Zögern mehr und keinerlei retardierende Momente. *In der Nacht aber, als der Prinz geschlafen hat, hat sich Daphne in ein Mädchen verwandelt, und – nackt wie es war – ist es in das Zelt des Kaisers geschlüpft und hat mit ihm das Lager geteilt. Bevor es Morgen geworden ist, hat sie aus dem Zelt schlüpfen und sich wieder in den Lorbeerbaum verwandeln wollen. Sie hat gerufen: „Mutter, verwandel mich wieder in Lorbeer.!" Aber die Stimme der Mutter hat geantwortet: „Ich kann nicht. Du bist nicht mehr mein Kind, sondern eines andern Frau."* – Eine Szene von höchster Symbolhaltigkeit – die Rückkehr in den bergenden Mutterbereich, eine Regression also, bleibt ihr nun verwehrt, der erste Akt der Erlösung ist vollzogen. 30 Tage inniger Zweisamkeit im Zelt des Kaiserssohnes folgen, dann bricht er aus, um die Hochzeit vorzubereiten – wir kennen das aus Märchen anderen Typs. Scheinbar handelt es sich um eine Demonstration seiner ernsthaften Absichten, ist aber tatsächlich eine ziemlich halbherzige Aktion. Er 'vergißt' sie, wie man eben eine triebhafte Beziehung vergißt, in der sich wohl Mann zu Frau, aber nicht Mensch zu Mensch gefunden hat. Das ist nun von Seiten des Mädchens in einem schmerzens- und entsagungsreichen Prozeß der wirklichen Erlösung zum Ich und damit auch zu echter Partnerschaft nachzuholen. In Varianten hat Daphne – in Verknüpfung mit anderen Märchentypen – eine falsche Braut aus dem Feld zu schlagen, sie schlüpft sogar in eine Männerrolle – der extreme Gegenpol also zu ihrer Pflanzenphase.[12] In der rumänischen Variante findet nicht sie selbst, sondern das gemeinsame Kind den Weg zum Vater und führt schließlich das 'befreiende Erkennen' und die endgültige Familienzusammenführung herbei. Eine etwas unbefriedigende Lösung, Daphne selbst hätte sich eigentlich in Lebensbewältigung üben müssen, wie sie es ja auch in Varianten tut. Es wird *eine große Hochzeit gehalten, und bei der Feier in der Kirche hat er nicht seine Krone, sondern einen Kranz aus Lorbeerzweigen getragen.*

Wir kommen schließlich

3. zu den Pflanzenmädchen, die sozusagen vom Himmel gefallen sind, *nicht von einer Frau geboren,* wie es in einem Märchen dieses Typs heißt.[13] Ihre Menschwerdung gestaltet sich besonders schwierig und ist nur über mehrere Stufen möglich. Diese Zitronen-, Orangen-, Pomeranzenmädchen – und von diesem Märchentyp soll hier noch die Rede sein – sind eigentlich Vegetationsfeen der Anderswelt und in ihrer einerseits prekären, doch auch unverwüstlichen Existenz verwandt mit Dryaden, Nymphen und Undinen. Wie bei diesen ist das Wasser ihr eigentliches Element und Lebenselixier, und nur widerwillig lassen sie sich von einem Mann in die Dynamik eines Erlösungsprozesses hineinziehen. Immer treten sie zunächst als Dreizahl auf bzw. hängen sehr seßhaft, in Früchten geborgen, an einem Baum. Zitrusfrüchte sind es in den zahlreichen Varianten aus dem Mittelmehrraum; auch in der Türkei ist der Märchentyp belegt, nicht aber sonst im Orient. Er könnte also von den kleinasiatischen Griechen stammen. Und wo Zitrusfrüchte nicht mehr gedeihen und daher dem Volke allzu exotisch schienen, können sie in Einzelfällen in nördlichen Ländern durch drei Äpfel oder Eier ersetzt werden.

Die Orange gilt als ein hochkarätiges Fruchtbarkeitssymbol, ähnlich dem Apfel. Ihr Baum ist immergrün und wurde mit seiner Gleichzeitigkeit von Blüten und Früchten als ein Wunder an Lebenskraft angesehen. Drei Orangen also, oder auch Zitronen, Pomeranzen, pflückt sich der Jüngling vom Baum, eine runde saftige, köstliche Frucht macht er sich zu eigen, und das ist ganz und gar gleichnishaft zu verstehen. Das Messer zum 'Öffnen' hat die dämonische Alte in manchen Varianten mitgeliefert, als sie ihm die Begierde nach dem fruchtigen Pflanzenwesen gleichsam angezaubert hat.[14] Seinen Durst auf dem Heimweg gedenkt er mittels der Zitrusbeute zu stillen. Da heißt es: *Er schnitt die goldene Frucht auf, und es blendete ihn fast die Augen, ein Jungfräulein stand vor ihm, so schön, wie die Sonne noch nie eines beschienen hat.*[15] Diese Zitrusfeen sind noch gänzlich von den Urelementen abhängig.

Wasser brauchen sie sofort *(Jüngling mit den Lippen rot, / gib mir zu trinken, sonst trifft mich der Tod!)*[16], und zwei der ätherischen Geschöpfe, gleichsam Chimären, denen es noch an handfester Leibessubstanz fehlt, sterben ihm unter den Händen weg oder schlüpfen unwiderruflich in ihre Frucht zurück. Wasser ist die materia prima allen Lebens; auffüllen müssen sie sich mit Irdischem, das ist durchaus zu vergleichen mit den nächtlichen Speise-Gelagen der Basilikum- und Myrtenfräulein, von denen zuvor die Rede war.

Erst bei der dritten Orange gelingt die Individuation. Er gibt ihr Wasser aus der Quelle, die er endlich gefunden hat. *Da war sie der Menschwelt gewonnen,* heißt es in dem griechischen Märchen vom Orangenmädchen.[17]

Aber auch dieser Jüngling muß noch einmal fort. Was wie standesgemäße Brauteinholung aussieht (Maultiere, Bedienstete, Kleider muß er herbeischaffen), hat tatsächlich eher den Charakter eines Rückzugs und deutet auf seine eigene unreife Beziehungsscheu hin, auf seine unbewußten Vorbehalte wohl auch gegenüber diesem sanften, pflanzenhaften Wesen der Anderswelt, das sich von ihm auf einen Baum heben läßt und da auch widerspruchslos sitzen bleibt. Ein Pflanzenmädchen vermag einen Mann nicht dauerhaft zu halten, Daphne nicht und dieses ebenso wenig. Er läßt sie an einer Quelle, an oder auf einem Baum zurück – ein Detail, das allen Varianten gemeinsam ist. Noch einmal ein Stadium der Verpuppung, so als hätte sie das Laufen noch nicht gelernt, sei noch immer pflanzenhaft standortgebunden. Aber es stehen ihr andere, magische Kräfte zur Verfügung. Umbringen kann man sie nicht mehr und damit ihren Lebenskreislauf unterbrechen. Wie Daphne jedoch ist sie verstoßen aus der reinen Kreatürlichkeit; die Begegnung mit dem Mann war Initialzündung für den unwiderruflichen Entwicklungsprozeß. Der mütterliche Ursprung, der Baum, vermag sie nun nicht mehr zu schützen.

Während das Mädchen auf die Rückkehr des Königsohns wartet, kommt eine Mohrin, eine schwarze Sklavin zur Quelle, um ihren Wasserkrug zu füllen. Auch das gehört zum Kern des Märchens und ist (fast) allen Varianten gemeinsam. Bereits in diesem frühen Stadium ihrer Menschwerdung ist die Andere, ihre schwarze Schattengestalt, auf dem Plan und macht das prekäre Menschsein des Orangenmädchens erst noch einmal rückgängig. Der Erlösungsweg ist von nun an reine Frauensache. Er ist in einem dynamischen Hin und Her zwischen den beiden Gegenspielerinnen zu leisten, die eigentlich ein und dieselbe sind. Die 'Andere' sticht dem Orangenmädchen zumeist eine Nadel in den Kopf – noch einmal, nach dem Messer des Mannes, eine spitzige Verletzung, diesmal scheinbar tödlich und ihr von ihrem eigenen Schatten-Ich zugefügt. Die Schwarze gibt sich dann vor dem zurückkehrenden 'Bräutigam' als die Verlassene aus, der Mann nimmt die Täuschung wie ein Schlafwandler hin – auch er ist also noch sehr erlösungsbedürftig zu wacher Bewußtheit. Nur seine melancholische Zuneigung zu den verschiedenen Schwundgestalten seiner Liebsten deuten auf seine vage Erinnerung hin, doch bleibt auch er bis zum Ende ganz den Fallstricken, der Raffinesse der an sich Ungeliebten, der Bösen ausgeliefert.

Das von keiner Frau geborene Wesen aus der Anderswelt hat es schwerer als Pflanzenmädchen, die eine Menschenmutter haben. Die Erlösung erfolgt über mehrere Stufen: Taube, goldener Fisch, also Tierverwandlungen sind zwischengeschaltet, und schließlich wird sie zum Baum, eine dem Pflanzenmädchen besonders gemäße Einkörperung. Eine Fischgräte, ein Holzspan – kleinste Teile also – genügen, um die Verwandlungskette in Gang zu halten. Wir kennen dieses Motiv aus anderen Märchen. Selbst in winzigsten Partikeln überdauert der Lebenskeim – magisches Wissen, das einheitlichen Grundstoff alles Lebendigen voraussetzt.

In jeder der Verwandlungsgestalten bleibt die schwarze Widersacherin der Schönen auf der Spur, begierig, sie sich einzuverleiben, sie damit endgültig zu vernichten und gleichzeitig ihre Identität vollends anzunehmen, womöglich so schön zu werden wie sie. Und der Königsohn macht gute Miene zum bösen Spiel, er ist auf dem besten Wege, sich mit seiner Xanthippe wohl oder übel häuslich einzurichten. Er tut, was sie sagt, voll innerer Verweigerung zwar, aber er tut es. Alle Dynamik in dieser Dreiecksgeschichte läuft zwischen den beiden Frauen ab.

In manchen Varianten lebt das Mädchen dann, bereits in Menschengestalt, eine Weile bei einer alten Frau und lernt gewissermaßen die Hauswirtschaft, die sie dann ja eigentlich, als Königin mit ihrem Thronfolgermann vereint, gar nicht braucht. Aber dienendes weibliches Wirken – das ist im Märchen wohl auf einer anderen als der vordergründigen Ebene von Hausfleiß und Rollenklischees zu verstehen. Selbstverständlich kommt schließlich die Wahrheit an den Tag, und die Böse wird auf mehr oder weniger grausame Weise aus der Welt geschafft.

Gestatten Sie mir noch eine kurze Schlußbetrachtung: Ich knüpfe an das anfangs zitierte Wort von der Pflanze als Ordnungswunder an. Auch die märchenhaften Mädchenpflanzen kommen aus dieser schönen selbstverständlichen 'natürlichen' Ordnung. Sie werden hineingeworfen in die chaotische Unordnung menschlicher Verhältnisse, und es gilt nun, die Ordnung auf einer höheren Ebene wiederzufinden. Das ist die Tiefenstruktur aller dieser Geschichten.

Pflanzenbraut und Menschenbräutigam – eine scheinbar paradoxe, artfremde Beziehung: weit ist die Entfernung zwischen ihnen in der Hierarchie der Geschöpfe. Ich habe zu zeigen versucht, wie alte mystische Vorstellungen von der Einheit aller Wesen, von einer sublimen inneren Verwandtschaft gerade der Pflanze mit dem Seelenkern des Menschen diesen Mutationssprung über die Artgrenzen hinweg plausibel machen. Leicht allerdings ist das nicht, sagen die Märchen. Sie erzählen von schmerzhaften Reifungsvorgängen junger, allzu 'feenhafter', pflanzenhafter und realitätsuntauglicher Frauen in eine komplexe irdische Wirklichkeit hinein. Auch wenn die Gesetze der Botanik dabei souverän außer Acht gelassen werden, so geschehen diese Übergänge von einem Seinszustand in den anderen doch eher sanft, sie sind nie an einen martialischen Kraftakt gebunden wie bei den zumeist katastrophischen Tierverwandlungen – versuchter Totschlag etwa oder bestialische Feuerrituale, Hautverbrennungen usw.

Und die Rolle des Mannes dabei, also des Erlösers? Der verhält sich in diesem Märchentypus bemerkenswert passiv, wie wir gesehen haben. Er läuft keine zehn Paar Eisenschuhe durch, nicht einmal eines. Wohl ist es seine Initiative, die den Zündfunken freisetzt. Die erotische Anziehungskraft zwischen den beiden bringt die Handlung in Gang, sie wirkt während aller Entfremdung im Verborgenen weiter. Aber das elementare Lodern muß erst noch zur tragenden Liebe emporgeläutert werden. Es ist das Pflanzenmädchen selbst, das – wandlungsbereit und leidensfähig, wie wir es von Märchenheldinnen und -helden gewohnt sind – den Weg zu sich selbst findet und damit auch in eine Partnerschaft, die im Himmel geschlossen wurde und auf Erden hält.

Anmerkungen

1 Zit. nach Hecker, Jutta: Das Symbol der Blauen Blume im Zusammenhang mit der Blumensymbolik der Romantik. Jena 1931

2 Stifter, Adalbert: Studien Bd. 1. Die Mappe meines Urgroßvaters (S.487). Frankfurt 1989

3 Borchardt, Rudolf: Der leidenschaftliche Gärtner (S. 16). Nördlingen 1987

4 Goethe, Johann Wolfgang v.: Die Metamorphose der Pflanzen, in: Ders.: Sämtliche Werke. Hg. Karl Richter u. a., Bd. 6.1.

5 Schüssler, Karlheinz: Märchen und Erzählungen aus dem Alten Ägypten. Die beiden Brüder (S. 128). Bergisch Gladbach 1989

6 Capra, Fritjof: Das Tao der Physik. Bern und München 1987

7 z. B. für Myrte: Giambattista Basile: Das Pentameron I/2 Der Myrtenzweig. Essen 1981
Für Basilikum: Griechische Volksmärchen. Hg. Georgios A. Megas: Nr. 45 Der Basilikumtopf. Düsseldorf 1965

8 Brentano, Clemens: Das Märchen von dem Myrtenfräulein, in: Ders.: Märchen. Hg. Wolfgang Frühwald und Friedhelm Kemp. München 1978

9 Afanasjew, Alexander N.: Russische Volksmärchen Bd. 2: Der Vampir. München 1985

10 Publius Ovidius Naso: Metamorphosen. Liber I/453. München / Zürich 1990

11 Rumänische Märchen außerhalb Rumäniens. Hg. Felix Karlinger: Nr. 7 Daphne II. Kassel 1982

12 z. B. in der von Walter Kahn nach einer unveröffentlichten Fassung von Marianne Klaar erzählten Variante im „Märchenspiegel“ Mai 1998

13 Deutsche Märchen seit Grimm. Hg. Paul Zaunert: Nr. 45 Das Pomeranzenfräulein. Köln 1964

14 z. B. in G. Basile (wie 7): V/9 Die drei Zitronen

15 wie 13

16 Italienische Märchen. Hg. Felix Karlinger: Nr. 20 Weiß-wie-Milch-und-rot-wie-Blut. München 1973

17 Neugriechische Märchen. Hg. Paul Kretschmer: Nr. 3 Die Pomeranzenbäume des Drachen. Jena 1919. Die weiteren Ausführungen folgen dieser Variante.

HEINRICH DICKERHOFF

„... und er war mit den Tieren, und die Engel dienten ihm“ (Mk 1, 13)

Von der Freundschaft zwischen Mensch und Tier in der Bibel, im Märchen und in uns Menschen

Eine der Großen Fragen, mit denen wir Menschen leben, ja, die unser Menschsein entscheidend ausmachen, ist die nach dem, was man früher unser „Wesen“ nannte und heute meist unsere „Identität“ nennt oder unser „Ich“, die Frage also, wer wir sind und was unsere Bestimmung ist.

Aber diese Frage tritt uns nur selten offen entgegen, wie manche Märchenkönige geht sie oft unerkannt und in Verkleidung durchs Land, und gern verkleidet sie sich in die Frage, wie sich denn Mensch und Tier zueinander verhalten. Denn wo über Mensch und Tier nachgedacht wird, geht es immer auch um das Selbstverständnis des Menschen, dass uns ja ganz und gar nicht selbstverständlich ist. Dieser Frage darf ich nun ein wenig nachgehen, angeleitet von der Wahrheit und Weisheit der Bibel und der Märchen.

Barmherzigkeit mit den Tieren

„Lasst die Tiere in Frieden, ich leid's nicht, dass ihr sie stört!“

Wenn der Dummling aus der „Bienenkönigin“ das zu seinen Brüdern sagt, so ist ihm unsere Sympathie gewiss.

Wer Mitleid mit den Tieren hat, der kann nicht herzlos sein; wer aber Tiere quält, der hat auch das Zeug zum Menschenschinder. Zumindest im Märchen rächen sich Bosheit und Herzlosigkeit gegenüber den Kleinen, den Alten oder auch den Tieren. „Fuhrmann thus nicht es kostet dein Leben“, warnt der treue Gevatter Sperling den herzlosen Fuhrmann, der seinen Freund, den Haushund, grausam und grundlos überrollt, und der Sperling macht seinen Racheschwur wahr. Und wie sich märchenhafte Bosheit rächt, so zahlt sich märchenhafte Güte aus: wer den Tieren mitleidig begegnet wie unser Dummling, wie das guten Mädchen, das im Waldhaus auch die Tiere versorgt, wie der Königssohn, der den hungrigen Wolf oder die Raben füttert, der erfährt die Tiere als dankbare Helfer. Dass der Königssohn, um die Raben zu füttern, sein Pferd ersticht, dass der Gestiefelte Kater, davor verschont, als Handschuh zu enden, gleich einen ganzen Sack voll Wachteln für des Königs Kochtopf fängt, das sollte uns allerdings davor warnen, Märchen vorschnell als Appelle zum Tierschutz zu betrachten.

Während die Tiere also aus der Märchenwelt nicht wegzudenken sind, spielen sie in der biblischen Tradition keine so augenfällige Rolle. Die Bibel kennt weder das

„Animismus“ genannte Einheitsgefühl, dem die Grenzen zwischen Mensch und Tier fließend sind, noch jene Ehrfurcht vor der göttlich-unbewußten Lebenskraft, die im Tier unmittelbar und ungehemmt wahrgenommen wurde und sich in der Verehrung tiergestaltiger Götter ausdrückte. Israel fand weder in der unwiderstehlichen Kraft des reissenden Löwen noch in der unerschöpflichen Potenz des Stieres den Willen und das Wesen seines Gottes, doch war Israels Gottesbild auch nicht einfach ein unendlich vergrößertes Menschenbild. Kein Bild, weder Tier- noch Menschen-Gestalt, fasst den unfassbaren, alle Bilder sprengenden Gott Israels, aber Er selbst hat sich Seiner Schöpfung eingebildet – vor allem im Menschen, der berufen ist, Bild Gottes zu werden.

Nicht Gott hat Menschenzüge, sondern der Mensch hat Gottes Züge. Anders gesagt: für die Bibel ist der Mensch *die* Andeutung Gottes; Gott hat Sein Bild dem Menschen eingeprägt, nicht äusserlich, sondern in Herz und Nieren: das Herz ist biblisch nicht Sitz und Ort des Gefühls, sondern der Nachdenklichkeit, des Bewußtseins, und die das Gift ausscheidenden Nieren sind Sinn-Bild für das Gewissen als innere Unterscheidungs-Fähigkeit.

Wohl sind – wie die biblischen Schöpfungsgeschichten betonen – Tier und Mensch vom selben Schöpfer gebildet und aus dem gleichen Material geformt, aus dem Stoff der Mater, der Mutter Erde. Auch haben die Tiere ihre eigene Schönheit und einen eigenen Sinn, der über allen Nutzen für den Menschen hinausgeht – davon singt voller Begeisterung der Psalm 104.

Doch als Gott dem einsamen Erdensohn Adam die Tiere zuführt und der sie anspricht und benennt, da findet Adam in ihnen kein Gegenüber, das ihm entspricht (Gen 2,18f.), das Antwort geben könnte auf seine tiefsten Fragen und Sehnsüchte.

So galten die Tiere in Israel weder als „heilig“ noch als „Nächste“, freilich auch nicht nur als Sache und uneingeschränkter Besitz – das Sabbathgebot etwa garantiert auch dem Vieh seinen Ruhetag. Wie die ganze Welt wurde auch die Tier-Welt weder vergöttlicht noch verteufelt, und die Tiere wurden weder vermenschlicht noch versachlicht, vielmehr dem Menschen zu Füssen gelegt (Gen 1,26f.), der sich die Erde „untertan machen soll“, wörtlich heißt es: seinen Fuß auf die Erde stellen soll. Aber, wie ein typisches altorientalisches Königsbild zeigt, ist das nicht der Standpunkt des erfolgreichen Jägers, der seinen Fuß auf das erlegte Wild stellt, sondern die Haltung des guten Hirten, der sich vor und über das bedrohte, ihm anvertraute Tier stellt. So sind die Tiere nach der Bibel „Mitgeschöpfe“, die der Mensch nicht zertreten, für die er eintreten soll – das ist sein Auftrag, seine Berufung zum Gleichnis Gottes.

Doch zwei kleine Szenen über die Barmherzigkeit mit den Tieren fallen aus diesem üblichen biblischen Denk-Rahmen. Die erste entstammt dem alttestamentlichen Weisheitsmärchen vom störrischen Propheten Jona. Der soll den Untergang der Mörderstadt Ninive ankündigen,und ist dann empört, als Gott die Stadt doch begnadigt.

Gott begründet nun gegenüber Jona Seine Barmherzigkeit so: Jona sei es doch sogar leid um eine abgestorbene Rhizinus-Staude, die ihm zuvor Schatten gespendet hatte, wie sollte es da Gott nicht leid sein um die große Stadt, in der – neben den Verantwortlichen – zehntausende Menschen sind, die rechts und links, gut und böse nicht unterscheiden können – und soviele Tiere (Jona 4, 11)? Das ist Gottes letztes Wort im Buche Jona: „und soviele Tiere"!

Besteht unsere Welt, gewalttätig wie Ninive oder selbstgerecht wie Jona, vielleicht nur deshalb noch, weil Gott ein Herz hat für die Tiere?

Wie ein Gegenstück dazu ist eine neutestamentliche Szene (Mk 7,24 ff.), die vermutlich keine Episode aus dem historischen Leben Jesu erinnert, sondern eine frühchristliche Auseinandersetzung widerspiegelt, ob nämlich Jesu Botschaft vom neuen Leben und der Gotteskindschaft nur für das auserwählte Volk Israel bestimmt sei oder darüber hinaus auch für nach Wahrheit suchende Heiden: Eine heidnische Frau bittet Jesus, ihre besessene Tochter zu heilen, der aber weist sie geradezu beleidigend zurück: „Es ist nicht recht, das Brot den Kindern wegzunehmen und es den Welpen hinzuwerfen". Aber der Frau ist ihre Tochter wichtiger als ihr Stolz, sie gibt nicht nach: „Auch die Welpen unterm Tisch essen von den Brocken der Kinder" – und vor dieser Liebe kapituliert Jesus.

Der Hinweis auf die selbstverständliche Barmherzigkeit mit den Tieren – kein Mensch nimmt den Welpen die von Tisch gefallenen Brocken weg – bricht die ablehnende Haltung Jesu, besser gesagt: bricht das abweisende Gottesbild der strengen Judenchristen auf. Wie sollte der liebende Gott, den Jesus vorlebte, kleiner, enger, herzloser sein, als es ganz gewöhnliche Menschen gegenüber kleinen Hunden sind.

Das paradiesische „einst“ und der alte Fluch

Doch in Bibel und Märchen meint Barmherzigkeit, Frieden, Freundschaft mit den Tieren mehr als Wohlwollen mit unseren Mitgeschöpfen: wir müssen tiefer ansetzen, innerlicher, grundsätzlicher, und das heißt in der Bibel meist: bei Adam und Eva, im Paradies.

Wo aber liegt das Paradies? Nicht im Osten, sondern im „einst“ – „einst“ war es, „einst“ wird es wieder sein.
Wenn auch die Welt um uns kein Paradies ist und es nie war, so ist doch der Traum vom Paradies tief eingebildet in unsere Seele.

Denn was die Bibel Paradies nennt, ist ein dreifacher Traum:

(1) ein Traum von einer Aufgabe, die Sinn macht, „schöne Anstrengung“ ist, lohnende Mühe im Garten des Lebens, der eben kein Schlaraffenland ist, keine regressive Phantasie.

(2) Das Paradies ist weiterhin ein Traum vom Frieden zwischen allem, was lebt, wo, so die prophetische Vision (Jes 11,6ff.), das Lamm beim Wolf zu Gast ist, der Panther neben dem Böcklein liegt, Kuh und Bärin miteinander weiden und ein Säugling ohne Gefahr am Schlupfloch der Schlange spielt.

(3) Doch der paradiesische Traum schlechthin ist die Liebe – ja, Menschen, die sich lieben, sind ein Paradies – heißt es im Hohenlied. Allerdings hat dieses Paradies seinen Preis: eine Rippe muss ich geben, mich öffnen, Verwundbarkeit riskieren. Doch der Lohn: bei dem Menschen, der mein Paradies ist, darf ich nackt sein, ein bloßer Mensch, ohne mich zu schämen, darf mir eine Blöße geben, ohne bloßgestellt zu werden.

Aber dem paradiesischen Traum folgt die Erfahrung des Sündenfalls. Ja, gerade dieser Traum läßt uns Menschen die Widersprüche des Lebens in dieser Welt überdeutlich erkennen: weil wir den dreifachen Traum vom Paradies träumen können, erleben wir uns oft genug wie unter einem dreifachen Fluch:

Wir träumen davon, Sinnvolles zu bewirken – und erfahren doch den Fluch der Vergeblichkeit über all unserem Tun, denn das, was wir schaffen, hat sowenig Bestand wie unser Sein

„Im Schweiße deines Angesichts magst du Brot essen, bis du zum Erdboden zurückkehrst, denn aus dem bist du genommen Staub bist du ja, und zum Staub kehrst du zurück“. (Gen 3, 18–19).

Wir träumen von wahrer Liebe, die über sich hinauswächst, und erfahren doch: ein Fluch liegt auch auf der Liebe und auf der Weitergabe des Lebens, und die Leidtragende ist hier vor allem die Frau: Ihre Fähigkeit, Leben zur Welt zu bringen, ist verbunden mit Schmerz und Gefahr, und ihre Sehnsucht nach Liebe liefert sie der Männerherrschaft aus:

„In Beschwernis sollst du Kinder gebären Nach deinem Mann verlangst du, der aber wird über dich herrschen“ (Gen 3,16b):.

Doch der erste und grundlegende Fluch steht zwischen Mensch und Tier. Der Säugling spielt nicht mehr an der Schlangenhöhle, dem Ur-Tier Schlange wird vielmehr gesagt:

„Feindschaft stelle ich zwischen dich und die Frau, zwischen deinen Samen und ihren Samen, er trifft dich am Haupt, du triffst ihm an der Ferse“ (Gen 3,15):

Damit beginnt kein Siegeszug des Menschen gegen die Tier-Welt, sondern ein „totes Rennen“: Der Mensch mag die Schlange in den Staub treten, ihre Zähne haben sich doch in seine Ferse gebohrt, ihr Gift wird ihn innerlich zerfressen. Dieser Krieg wird keinen Sieger haben, nur Verlierer.

Welche Erfahrung mag sich ausdrücken in diesem Fluch? Wohl auch ein Unrechtsbewußtsein gegenüber dem getöteten Beutetier. Auch wenn wir Menschen von Natur aus keine Vegetarier sind, so ist uns doch beim Töten der Tiere nicht geheuer, zu sehr spüren wir unsere Verwandtschaft mit den Opfern.

In alten Jägerkulturen entschuldigte man sich bei dem erlegten Tier. Und nach der jüngeren biblischen Schöpfungsgeschichte ist es Gottes ursprüngliche und ureigene Absicht (Gen 1.29 f.), dass Menschen von Korn und Obst leben und Tiere von Kraut und Gras, und erst in der unvollkommenen Welt, die sich aus der Sintflut erhebt, gibt es ein Not-Recht zum Töten der Tiere (Gen 9,2 f.). Und das in Judentum und Islam bis heute bewahrte biblische Verbot, Blut zu verzehren, erinnert an das begrenzte Verfügungsrecht über das tierische Leben: die Tierseele kehrt im Lebenssaft Blut zurück zur Erde und zu ihrem Schöpfer.

Aber es mag in dem ersten Fluch auch schon zum Ausdruck kommen, dass die Front im Kampf zwischen Mensch und Tier nicht nur um uns herum verläuft, sondern durch uns hindurch. Wir sind nicht nur Kriegspartei, wir sind auch Kriegsschauplatz, sind das Schlachtfeld.

Denn wir Menschen können uns selbst gegenübertreten, können uns und unser Verhalten reflektieren, werden uns so unserer selbst bewußt – zugleich aber auch fremd. Wir erleben uns zwiespältig, gespalten, zerrissen in einen willigen Geist und ein oft schwaches irdisch-tierisches Fleisch. Gerade wenn wir uns mit übermenschlichen Erwartungen betrachten, erleben wir uns als das Tier, über das wir uns doch erheben wollen, abhängig von einem Körper und seiner natürlichen Erdenschwere. Unsere Findigkeit macht uns jedem Tier der Aussen-Welt überlegen – doch gegen das Tier in uns helfen unsere Waffen nicht, gegen jenes das Tier, das wir sind, auch wenn wir es nicht wollen.

Und, diese These möchte ich aufstellen und weiter verfolgen, wo es in Religion und Poesie und in allem verdichteten Nachdenken um dieses Mit- und Gegeneinander von Mensch und Tier geht, da geht es weniger um die Beziehung zu den Tieren der Aussenwelt als vielmehr um die Beziehung zu dem „Tier im Menschen“, zu dem Tier in mir.

Wie alle Figuren mythischer und märchenhafter Welt-Verdichtung bezeichnen auch die Tiere vor allem eine innere Wirklichkeit.

Die teuflische Versuchung

Ich möchte mich nun mit Ihnen hineinverstehen in eine Schlüssel-Szene des ältesten, des Markus-Evangeliums.

Jedes Evangelium ist ein Inszenierung von Weg und Wirkung Jesu, eine Komposition aus alten Einzel-Überlieferungen, und wie manche Oper hat auch jedes Evangelium eine Ouvertüre, ein Vorspiel, in dem die großen Themen schon einmal anklingen. Bei Matthäus und Lukas sind das die Weihnachtsgeschichten, bei Johannes ist es der gewaltige Prolog: *„Im Anfang war das Wort"*. Markus hingegen beginnt mit dem Auftreten des Johannes, der Menschen eintaucht in den Jordan, den Grenzfluss (Mk 1,4ff.), ein Ritus, der weniger Reinigung bedeutet als Tod: Menschen liefern sich und ihr endliches, unvollkommenes Leben in einer symbolischen Sintflut der Barmherzigkeit Gottes aus.

Denn als die Welt zusammenbricht und untergeht, wegen der Bosheit der Menschen, die alles Leben ins Unglück reisst, hält Gott doch eine Zukunftschance offen: die Arche, das heißt eigentlich nichts anderes als: der Kasten, und diese Beziehungs-Kiste steht auch den Tieren offen: alles, was lebt, darf leben, soll leben, ist gewollt, und die Sehnsucht nach der in allem Chaos bergenden Arche ist wahrer als die Verzweifelung über den unvermeidlichen Weltuntergang. Während die weltweit verbreiteten Sintflutgeschichten die Einsicht des Menschen in seine Vergänglichkeit spiegeln, das Wissen, größeren Mächten hilf- und schutzlos ausgeliefert zu sein, läuft die biblische Erzählung am Ende auf das Gegenteil hinaus: Am Ende zeigt sich Gott nicht als der Flutbringer, der Große Töter, der Inbegriff des unausweichlichen Untergangs, sondern Er verbürgt sich dafür, dass die Todes-Flut das Leben nie ganz verschlingen wird! Und warum ändert Gott Seine Meinung? Nicht etwa, weil der Mensch etwas gelernt hätte oder weil das Böse eleminiert wäre – es schwimmt in der Arche mit! –, sondern weil *„des Menschen Herz böse ist von Kindheit an!"* (Gen 8,21) Will man den Menschen, muss man ihn so annehmen wie er ist, mit hellen und dunklen Seiten, auch mit seinen tierischen Anteilen.

Aber kommen wir zurück zur Markus-Szene:

Jesus taucht unter im Jordan, läßt sich ein auf dies abgründige Leben, auf diese Welt, die uns nicht auf Dauer trägt. Und über ihm reißt der Himmel auf, wie bei der Großen Flut, aber nicht die Sturzflut der Vernichtung bricht herein über die Welt, sondern Gottes Atem, Gottes Geist erscheint wie einst die Taube, die Noah nach der Flut den ersten grünen Hoffnungszweig brachte. Und Jesus hört eine Stimme, die ihm sagt:
„Du bist mein Sohn, der geliebte, dir will ich gut sein!" (Mk1,11)
Das ist ein Zitat aus dem Psalm 2, einem alten Hymnus zur Krönung der Könige Israels, die dabei als Söhne Gottes gefeiert wurden. Auch im Evangelium ist dies zunächst eine Hervorhebung Jesu, aber keine völlig exklusive: Jesus ist vielmehr der „Prototyp" des neuen Lebens, der „neue Adam". Im Christus ist ja, so sagt es die alte Theologie, Gott nicht nur *ein* Mensch geworden, Er hat die menschliche Natur, das

Menschsein schlechthin, angenommen. Gott sagt über dem Jordan nicht, wie nach der Großen Flut, „Wenn Wir denn Menschen wollen, müssen Wir sie nehmen, wie sie sind – mehr schlecht als recht!“ Nein, über allen, die sich wie Jesus vorbehaltlos und voll Vertrauen einlassen auf und in diese abgründige Welt, sagt die Stimme des Himmels:

„Du bist und bleibst Staub der Erde,
du bist endlich – und doch unendlich geliebt.
Du bist mein geliebter Sohn, meine geliebte Tochter,
du bist gewollt als Königskind!“

Aber Markus läßt Jesus und uns kaum Zeit zum Atemholen:

„Und gleich treibt der GottesAtem ihn hinaus hinein in die Wüste.
Und er war in der Wüste vierzig Tage, versucht vom Satan,
und er war mit den Tieren, und die Engel dienten ihm.“ (Mk 1,12f.)

Die gleiche göttliche Kraft, die Jesus seine Bestimmung erkennen ließ, treibt ihn – so Markus – nun in die Wüste, in die Einsamkeit, auf den einsamen Weg nach innen. Und dort begegnet ihm die Versuchung.

Bei Lukas und Matthäus wird dies ausgemalt (Mt 4,1ff.; Lk 4,1ff.):
Dreimal tritt der Satan an Jesus heran und bietet ihm die Erfüllung paradiesischer Sehnsüchte – Brot ohne Mühe, Reichtum und Macht, Unverwundbarkeit. Markus aber verdichtet die satanische Versuchung zur Zerreißprobe zwischen Engel und Tier (Abb. 2). Beides gehört ja zu unserem Wesen, mit und zwischen beiden Wirklichkeiten müssen wir leben: Da sind die tierisch-animalischen Kräfte wie Sexualität und Aggression, Imponiergehabe und Fluchtverhalten, Rivalität, Revierverteidigung oder Herdentrieb und all jene Antriebe, die Siegmund Freud wohl „Es“ nannte. Diese Kräfte sind lebensförderlich, aber nicht ungefährlich, ich muss sie zähmen, wie der Fuchs zum kleinen Prinzen sagt, indem ich mich mit ihnen vertraut machen.

Abb. 2

Aber in mir ist auch der Engel, sind Ideale und Idealvorstellungen, mein „Über-Ich“, das immer weit hinausreicht über mich und meine Möglichkeiten. Und dieses Über-Ich besteht nicht nur aus Moral und Regeln, sondern auch aus Phantasie und Visionen. So erleben wir Menschen uns oft bis zum Zerreißen ausgespannt zwischen hochfliegenden Idealen und nur allzu natürlichen Bedürfnissen, zwischen Himmel und Erde, zwischen Engel und Tier. Und die uralte teuflische, diabolische, d. h. zerreißende Versuchung ist, im Namen des Engels das Tier zu bekämpfen, es aus dem natürlichen Wesen zum Untier zu machen, zu der Alten Schlange, dem Großen Drachen, zu einem Monstrum, dass abgetötet werden muss.

Aber das abgetötete Tier verwest in uns und vergiftet uns von innen. Und wer ein Engel sein will, obwohl er ein bloßer Mensch ist, wer unbelastet von der eigenen Erdenschwere abheben will, wer meint, nur als Überflieger liebenswert zu sein, der lebt in ständiger Selbstüberforderung. Und die bittere Enttäuschung, doch kein Engel zu sein, mag immer wieder dazu führen, nun „die Sau herauszulassen“ oder auch ein weniger harmloses Tier.

Doch weil der Mensch, der so lebt, auch dieses Tier ja nicht will, sondern es fürchtet und verachtet, darum ekelt es ihn dann nur noch mehr vor sich selbst und der eigenen tierischen Begrenztheit und er meint noch mehr, Engel sein zu müssen, nur als Engel, als Ideal, sein zu dürfen. Wie sollte, wer in diesen Teufelskreis geraten ist, zu sich selbst stehen? Und es liegt nahe, dann zugleich mit dem Tier in sich auch die Tier-Welt, die uns umgibt, zu verachten und zu misshandeln. Und der Engel, der diesen Menschen beherrscht, ist zum Diabolos geworden, zum Teufel, der ihn innerlich zerreißt.

Die alten Legenden vom Ursprung des Teufels haben dies gewusst. Der Teufel ist ja kein mutiertes Tier, er ist nicht, wie die Kirche oft fälschlich meinte, der Naturgott Pan, dessen Hörner und Bocksfüße zum Kennzeichen des Teufels wurden. Der Teufel ist ein gefallener Engel, der stürzt, weil er nicht dienen will, ein Luzifer, ein Lichtblick, ein Ideal, das sich absolut setzt.

Aber von dem Engel Michael, – und dieser Name ist nicht anderes als die Frage: „Wer ist wie Gott“ – wird Luzifer aus dem Himmel gestürzt in die Abgründe. Jedes Ideal, ob es Freiheit heißt oder Gerechtigkeit, wird, wenn es absolute Geltung beansprucht, mörderisch, so wie jede Idealvorstellung, die mich nicht freundlich weiterleitet, sondern ständig erdrückt und entfremdet, mein Leben zerstört.

Leben im Gleichgewicht

Jesus aber, unter dem offenen Himmel seiner Königswürde gewiß, widersteht dieser Versuchung.

Er ist mit den Tieren, schreibt Markus, wie „einst“ der Mensch im Paradies war und sein wird. Er flieht nicht vor den Tieren, er jagt und bekämpft sie nicht, er ist in ihrer Nähe, in ihrer Mitte. Und die Engel dienen ihm, er läßt sich von ihnen nicht beherrschen, sondern bedienen.

Die Volksfrömmigkeit hat diesen Gedanken – bewußt oder unbewußt – im Bild der Weihnachtskrippe aufgegriffen und liebevoll ausgemalt, in großzügiger Freiheit gegenüber dem biblischen Text und mit märchenhaftem Gespür für die Wahrheit der Ur-Bilder: Das älteste Weihnachtsbild aus dem 4. Jahrhundert n.C. zeigt nur das Kind im Futtertrog zwischen Ochs und Esel, das Kind, das unter den Tieren lebt, ein aus vielen Märchen, Mythen und Sagen bekanntes Motiv, das aber die weihnachtlichen Texte selbst nicht erwähnen. Und bis heute ist das Königskind in der Krippe zwischen Tieren und Engeln ein Ur- und Traumbild der Menschen-Kinder, auch wenn ihnen der tiefere Sinn der weihnachtlichen Bilder längst fremd geworden ist.

Er war mit den Tieren, und die Engel dienten ihm – ein Weihnachtsbild, aber wichtiger noch: eine innere Erfahrung. Ich muss, ich kann, ja ich darf leben mit dem Tier in mir, und auch die im Über-Ich bewahrten Wahrheiten sind gut, wenn sie mich nicht beherrschen, sondern mir dienen, mir Wege weisen und manchmal Flügel leihen. Auch sie gehören zu meinem Ich, das mit Tier und Engel lebt, mit dem Fleisch des Lebens, gemacht aus dem Staub dieser Erde, und mit dem Funken Himmel in mir, mit der Ahnung der Unendlichkeit.

Bilder vom Frieden zwischen Mensch und Tier

Drei Geschichten vom Frieden zwischen Mensch und Tier – eine Legende und zwei Märchen –, sicher auch vom Frieden mit dem Tier in mir, möchte ich gegen Ende nicht interpretieren, sondern nur kurz in Erinnerung rufen.

Das ist zunächst eine Franziskus-Legende aus den Fioretti: Bei dem Städtchen Gubbio haust und wütet ein Wolf, er macht alles unsicher, niemand wird mit ihm fertig, er verschlingt die ängstlichen Wanderer und Waldbewohner, und die Bewaffneten, die ihn erlegen wollen, jagt er in die Flucht. Der heilige Franz aber tritt ihm entgegen, ohne Angst und ohne Waffe, er nennt ihn „Bruder Wolf" und segnet ihn – und segnen heißt sagen: es ist ein Segen, dass es dich gibt! Und der wilde Wolf legt sich zu Füßen des Heiligen, und Franz geht mit ihm nach Gubbio und vermittelt ein Bündnis zwischen dem Wolf und den Städtern: sie geben ihm zu essen, und er bewacht ihre Stadt.

Das isländische Märchen vom Königssohn Ring und dem Hund Snati-Snati erzählt, wie der ängstliche und nicht besonders helle Königssohn den großen, zottigen Hund Snati-Snati als Gefährten gewinnt. Mit Snati-Snatis Hilfe besteht Ring alle Prüfungen und Gefahren, lernt schließlich, selbst anzupacken, gewinnt die Prinzessin und am Ende erkennt er wohl sich in dem Hund und den Hund in sich und alle sind erlöst.

In dem litauischen Drei-Brüder-Märchen „Die Prinzessin, die in einen Wurm verwandelt wurde" will der Vater dem von seinen drei Söhnen den Hof übergeben, der in einem Jahr das schönste Tuch, dann den schönsten Ring, endlich die schönste Braut nach Hause bringt. Der Jüngste, der Dummling, verirrt sich in eine Höhle, dort trifft er einen gewaltigen Wurm, der lädt ihn ein, ein Jahr bei ihm zu dienen und sagt: „Einmal am Tag wirst du den Ofen heizen, einmal am Tag wirst du mich waschen, zu essen bekommst du, was du nur willst. Und nach einem Jahr gebe ich dir ein schönes schönes Tuch.“ Im zweiten Jahr muß er für den Ring zweimal am Tag heizen und waschen, für die Braut endlich dreimal. Und schließlich soll er den Wurm in den glühenden Ofen werfen. Er tut das nur weinend und wird vor Schmerzen ohnmächtig, aber da kniet neben ihm ein wunderschönes Mädchen: es ist seine Braut, die aus der Wurmgestalt erlöste Prinzessin,und auch er ist ganz verwandelt, ist ein schöner junger Mann geworden.

Vor dem Engel nicht anbetend niederknien, aber seinen Dienst, seinen Schutz, sein Licht dankbar annehmen. Und den angeblich alles zernagenden Wurm, die Schlange, die nach unsrer Ferse schnappt, nicht zertreten, sondern wärmen und waschen. Den Wolfs-Hund segnen und sich mit ihm verbünden – wäre das dein Weg zurück ins Paradies?

Das Ende der Tiere

Aber bevor sich nun alles in Wohlgefallen auflöst, doch noch abschließend ein Einwand gegen soviel Frieden: der Wurm wird ja nicht nur gewärmt und gewaschen, am Ende wird er ins Feuer geworfen. Am Ende verlangt der tierische Helfer als Dank und letzten Liebesdienst, getötet, enthauptet, verbrannt zu werden, und der erbetene, ja eingeforderte Tod erweist sich als Erlösung aus einer Gestalt, die gut und hilfreich war auf weite Strecken des Lebensweges, aber doch noch nicht die endgültige Bestimmung ist. Der Tod des Tieres ist freilich keine Abtötung im Auftrag eines überfordenden Über-Ichs, er wird zur Neugeburt, zur Auferstehung, aus dem tierischen Gefährten wird eine menschliche Geliebte. Die tierischen Lebenskräfte gehen auf, stehen auf in wahrer, in vollständiger Menschlichkeit, so wie vielleicht einmal am Ende, am Ziel unseres Lebens unsere Seele, unsere Sehnsucht, unser Bewußtsein, aufgehen, aufstehen wird in der Wahrheit Gottes, die zu sich selbst kommt.

Aber das ist ein Traum, dessen Wahrheit im „einst“ liegt. Noch ist mein Wolfshund nicht am Ende, sondern sehr lebendig, unbändig und hungrig, noch bringe ich meinen Engel oft genug zur Verzweifelung – und er mich.

Noch bin ich – wie im Alten Testament einst Tobias – auf dem Lebens-Weg mit Hund und Engel, und wir sind Weggefährten, die einander nicht unsympathisch sind, aber auch keineswegs immer einer Meinung und am gleichen Strange ziehend.

Das wäre mein Lebens-Wunsch: dass wir gut heim finden, getragen von der Kraft der Tiere und geleitet vom Licht eines offenen Himmels; so wie die „drei Könige“ aus dem Albani-Psalter des 12. Jahrhundert: vorwärtsgetragen über die Erde von der Kraft der Tiere, zugleich aber nach oben ausgestreckt zum Himmelslicht, und doch nicht zerrissen von dieser Doppelbewegung, sondern auf einem guten Weg in Harmonie und gespannter Erwartung.

Quellenangaben der Märchen

1. Der wunderbare Frosch: In: Henry Jones/Lewis Kropf: The Folktales of the Magyars. London 1889 (aus dem Englischen übersetzt von Helga Volkmann)
2. Die Königin und der Frosch: In: Volksmärchen aus Pommern und Rügen. Hg. von Ulrich Jahn 1891 (aus dem Plattdeutschen ins Hochdeutsche übertragen von Annemarie Meyer)
3. Der singende Frosch: In: Dänische Volksmärchen. Hg. von Bengt Holbek. Akademie Verlag Berlin 1990
4. Die lebende Kantele: In: Europäische Volksmärchen. Hg. von Max Lüthi. Manesse Verlag Zürich 1951 (bearbeitet von Linde Knoch)
5. Das Orangenmädchen: In: Neugriechische Märchen. Hg. von Paul Kretschmer. Diederichs Verlag Jena 1919 (bearbeitet und mit anderem Titel versehen von Helga Volkmann)

Zu den Autorinnen und Autoren

Dickerhoff, Heinrich Dr.: Studium der Theologie, Geschichte und Judaistik. Seit 1978 Dozent und stellvertretender Leiter der kath. Akademie Kardinal von Galen in Stapelfeld bei Cloppenburg. Seit 1995 Vizepräsident der Europäischen Märchengesellschaft. Märchenerzähler, zahlreiche Beiträge im Bereich Theologie und Märchen. Mitherausgeber der Reihe *Veröffentlichungen der Europäischen Märchengesellschaft* (VEMG). Mitausrichter des EMG-Kongresses *Kindermärchen – Märchenkinder.*

Freund, Ulrich: Studium der Betriebswirtschaft und Sozialpädagogik. Ausbildung zum Psychotherapeuten. Ausbilder für Psychotherapie in der Milton-Erickson-Gesellschaft. Leiter einer Klinik. Lehrauftrag an der FH Fulda. Schüler von Rudolf Geiger. Ausrichter der EMG-Tagung *Der Froschkönig* 1999 in Bad Orb.

Heindrichs, Ursula Dr. phil.: Studium der Germanistik, Geschichte, Philosophie und Pädagogik. Bis 1991 Studiendirektorin an einem Unesco-Gymnasium. Forschungsschwerpunkt: Märchen und neuere Dichtung. Zahlreiche Seminare und Tagungen zu verschiedenen Märchenthemen. 1982-89 Vizepräsidentin, seit 1989 Präsidentin der Europäischen Märchengesellschaft. Ausrichtung von fünf Kongressen der EMG in Gelsenkirchen sowie Herausgabe von sechs Kongressbänden: *Tod und Wandel im Märchen – Die Zeit im Märchen – Märchen und Schöpfung – Das Märchen und die Künste – Zauber Märchen – Alter und Weisheit im Märchen.*

Knoch, Linde: Bibliothekarin, seit 1984 Ausbildung zur Märchenerzählerin und zur Seminarleitung. Seminare in zahlreichen Bildungseinrichtungen. Seite 1995 Vizepräsidentin der EMG. Veröffentlichung von Aufsätzen zur Märchenkunde und zum Erzählen im *Märchenspiegel* und in der Reihe VMEG.

Põge-Alder, Kathrin Dr. phil.: Studium der Germanistik und Ethnologie. Autorin für die *Enzyklopädie des Märchens (E. M.)*, die Zeitschrift *Fabula*, die *Zeitschrift für Volkskunde* und den *Märchenspiegel*. Herausgeberin des *Erzählerlexikons* für Deutschland, Österreich und die Schweiz. Seit 1999 Geschäftsführerin der Märchenstiftung Walter Kahn und Schriftleiterin des *Märchenspiegels*.

Röhrich, Lutz Prof. Dr.: Em. Direktor des Instituts für Volkskunde der Universität Freiburg und des Deutschen Volksliedarchivs. Mitherausgeber der *EM*. Zahlreiche Veröffentlichungen, u. a. *Lexikon der sprichwörtlichen Redensarten – Sage und Märchen, Erzählformen heute – Der Witz. Figuren, Formen, Funktionen – Wage es den Frosch zu küssen. Das Grimmsche Märchen Nummer Eins in seinen Wandlungen.* Träger des Märchenpreises der Märchenstiftung Walter Kahn 1991.

Volkmann, Helga: Studium der Germanistik und Anglistik. Schriftstellerin, Herausgeberin, Autorin von Aufsätzen und Rundfunkbeiträgen zu Garten- und Märchenthemen. Seit 1992 Schriftführerin und Präsidiumsmitglied der EMG. Mitausrichterin des Kongresses *Spiel, Tanz und Märchen* in Erlangen sowie der Tagung *Der Froschkönig* in Bad Orb. Buchveröffentlichungen: *Hexen leben vegetarisch, 13 märchenhafte Selbstgespräche – Märchen von Spiel und Tanz* (Hrsg.) – *Unterwegs nach Eden, von Gärtnern und Gärten in der Literatur.*